MEURER

GENFER KONVENTION

DIE

GENFER KONVENTION

UND

IHRE REFORM

VON

CHRISTIAN MEURER

DR. JUR. ET PHIL.

PROFESSOR DER RECHTE AN DER UNIVERSITÄT WÜRZBURG.

MÜNCHEN

J. SCHWEITZER VERLAG (ARTHUR SELLIER).

1906.

Druck von C. Brügel & Sohn, Ansbach.

Vorwort.

Die vorliegende Studie war dazu bestimmt, einen Abschnitt des II. Bandes meiner „Haager Friedenskonferenz" zu bilden, welch letzterer das „Kriegsrecht" zum Inhalt hat.

Da lud der schweizerische Bundesrat auf den 11. Juni 1906 die Mächte zu einer Konferenz nach Genf ein, um die Reform der Genfer Konvention in die Wege zu leiten.

Mein allerdings bereits unter der Presse befindlicher II. Band kann bis dahin unmöglich fertiggestellt sein. Um aber nicht post festum zu kommen, entschloss ich mich, den Abschnitt „die Genfer Konvention und ihre Reform" als besonderes Schriftchen erscheinen zu lassen. Es wurde daher Anweisung an die Druckerei gegeben, eine selbständige Paragraphierung vorzunehmen; das Manuskript selbst aber blieb in der Druckerei. So erklärt sich die Bemerkung S. 27, welche der sicheren Erwartung Ausdruck gibt, dass der schweizerische Bundesrat die ihm von der Haager Konferenz zugedachte Ehre der Initiative gewiss recht bald in praktische Arbeit umsetzen werde.

Die Schweiz hat den Wunsch der Haager Konferenz prompt erfüllt. Wie die Genfer Konvention, so wird gewiss auch die Reform derselben ein neues Blatt im Ruhmeskranz der schweizerischen Eidgenossenschaft abgeben.

Das Rote Kreuz, das einen schnellen Siegeslauf durch die ganze Kulturwelt genommen hat, wird hoffentlich von neuem seine werbende Kraft offenbaren.

Ist doch die Verwundetenfürsorge auch für den Feind in der Hauptsache das einzige, was im Krieg mit seiner unbarmherzigen Vernichtung von Leben und Gut die Gegner noch durch die Bande der Menschlichkeit verbindet.

Wer sich für das Ideal der reinen Menschlichkeit begeistert, wird gern sein Scherflein zum Gelingen des Revisionswerks beitragen.

Und so unterbreite ich meine Studie der Öffentlichkeit und insbesondere der Genfer Konferenz.

Ich will zufrieden sein, wenn es mir gelungen sein sollte, die Arbeiten der letzteren auch nur an dem einen oder anderen Punkte ein klein wenig zu fördern. Der Genfer Konferenz aber wünsche ich einen ganzen Erfolg.

Würzburg, im Mai 1906.

Christian Meurer.

Inhalt.

Erstes Kapitel.

Die Geschichte der Genfer Konvention.

Zweites Kapitel.

Der Inhalt und die Verbesserungsbedürftigkeit der Genfer Konvention.

Erstes Kapitel.

Die Geschichte der Genfer Konvention.

§ 1.

Die Entstehung der Genfer Konvention.

Dass die kranken und verwundeten Soldaten des eigenen Heeres verpflegt werden müssen, braucht den Staaten nicht erst das Völkerrecht zu sagen. Dass aber auch der Feind dieselbe Behandlung geniessen soll, konnte erst durch das Völkerrecht erreicht werden, dem auch zunächst der weitere Ausbau überlassen blieb.

Nachdem mit Unterbrechungen und Schwankungen die grossen Heerführer hier längst wichtige Zugeständnisse gemacht hatten, vom Ende des 16. bis in die Mitte des 19. Jahrhunderts auch annähernd 300 Verträge über die Pflege der Verwundeten im Krieg abgeschlossen worden waren,[1]) und sich weiterhin die freiwillige Wohltätigkeit hier immer weiter vorgewagt hatte, erfolgte endlich im Jahre 1864 wenigstens für den Landkrieg eine internationale Regelung im grossen Stil durch die Genfer

„Convention pour l'amélioration du sort des militaires blessés dans les armées en campagne".

I. Die wirksame Anregung zu dieser Konvention[2]) ging auf einen Genfer Privatmann, Heinrich Dunant, zurück und entsprang nach Moynier[3]) dem „sentiment chrétien". Aber in Wahrheit handelte es sich um die Verwirklichung einer Humanitätsidee, mit welcher man sich an alle Kulturvölker wenden konnte und schliesslich auch erfolgreich wandte.

Dunant hatte die Schlacht von Solferino mitgemacht und schilderte in einem Werke („Souvenir de Solférino), das 1862 für Bekannte als Manuskript gedruckt und 1863 in den Buchhandel gegeben wurde, die jammervolle Lage der Verwundeten und regte zur Abhilfe der Kriegsnot[4]) die Bildung von grossen Hilfsgesellschaften in den einzelnen Staaten an.[5]) Die

---

[1]) Die erste Zusammenstellung erfolgte auf Veranlassung des Genfer internationalen Komitees für die Genfer Konferenz 1864 durch Brière, und dann viel umfassender für Preussen durch Gurlt in seinem Werk „Der internationale Schutz der im Felde verwundeten und erkrankten Krieger und die freiwillige Krankenpflege in Preussen". Im Jahre 1873 liess Gurlt ein weiteres Werk folgen, welches über Preussen hinausgriff „Zur Geschichte der internationalen und freiwilligen Krankenpflege im Kriege". Hier sind 291 einschlägige Verträge für die Zeit von 1581—1864 aufgeführt.

[2]) Vgl. M. Müller, Entstehungsgeschichte des Roten Kreuzes und die Genfer Konvention 1897. Vgl. auch Lueder, Die Genfer Konvention 1876 S. 34 ff., 37 ff., 41 ff. Gillot, La revision de la conv. de Genève 1901 p. 9 ff., sowie Münzel, Unsersuchungen über die Genfer Konvention 1901 S. 11 ff.

[3]) „La revision de la Convention de Genève" 1898 p. 5 und „La conv. de Genève au point de vue religieux" (Extrait de la Revue Chrétienne, Septembre 1899 p. 3 f.).

[4]) In Solferino gab es 40000 Tote und Verwundete und 40000 Kranke (Bonfils-Grah, Völkerrecht S. 592).

[5]) Über das Werk von Dunant vgl. Lueder S. 48 ff., Münzel S. 27 ff.

Genfer gemeinnützige Gesellschaft, deren Präsident **Moynier** war, ging lebhaft auf diese Idee ein[1]) und veranlasste 1863 in Genf einen internationalen politisch-wissenschaftlichen Kongress, welcher die Dunantsche Idee der freiwilligen Krankenpflege oder der Hilfsgesellschaften und die mittlerweilen aufgetretene Idee der Neutralisierung des Sanitätspersonals und Sanitätsmaterials nachprüfen sollte,[2]) wofür eine Kommission den Entwurf ausgearbeitet hatte.[3])

Zuerst hatte es sich nur um die Idee der freiwilligen Krankenpflege gehandelt, sodann auch um die sog. Neutralitätsidee, die dann aber immer mehr in den Vordergrund trat und schliesslich in der Konvention nur noch allein zum Ausdruck kam.[4])

Den rastlosen Bemühungen Dunants, Moyniers und des schweizerischen Generals Dufour war es geglückt, dass der Einladung der gemeinnützigen Gesellschaft zur Oktoberversammlung 1863 38 hochstehende und einflussreiche Personen aus fast sämtlichen europäischen Ländern als Vertreter von 14 Regierungen folgten, die zum Teil mit amtlicher Vollmacht ad audiendum et referendum ausgestattet waren.[5])

Ein internationales Komitee, welches sich aus der bisherigen Genfer Kommission entwickelte, erhielt die Aufgabe, die geplanten Hilfsgesellschaften ins Leben zu rufen und die Regierungen zur Anerkennung der Genfer Beschlüsse („Wünsche") zu bewegen.[6]) Moynier hat später (1903) die Geschichte dieses Komitees resp. der Gründung des roten Kreuzes geschrieben.[7])

Der deutsch-dänische Krieg von 1864 bot den Vertretern der neuen Humanitätsidee ein reiches Feld der Beobachtung.[8])

Das Weitere konnte nur durch einen internationalen Staatenkongress erfolgen und so lud jetzt die Schweiz am 6. Juni 1864 mit Unterstützung von Frankreich zu einer Diplomatenkonferenz ein, welche am 8. August 1864 in Genf[9]) zusammentrat.[10]) Von 25 eingeladenen Staaten[11]) waren 16 vertreten[12]):

Baden, Belgien, Dänemark, Spanien, Frankreich, Hessen-Darmstadt, Italien, die Niederlande, Portugal, Preussen, die Schweiz, Württemberg, die Vereinigten Staaten von Amerika, England, Schweden und Sachsen.[13])

[1]) Vgl. Lueder a. a. O. 60ff., Münzel, 28.

[2]) Diese Idee war hauptsächlich von dem Italiener Palasciano und dem Franzosen Arrault 1861 vertreten worden (Lueder, S. 42). Sie wurde aber erst im Rahmen der Dunantschen Anregung beachtet.

[3]) Abgedruckt bei Münzel S. 37ff. Vgl. auch Moynier, La fondation de la croix rouge p. 8.

[4]) Münzel, S. 31.

[5]) Darunter die Schweiz, Deutschland, Österreich, Holland, Schweden, England, Frankreich, Spanien, Italien, Russland (Lueder S. 78ff.). Über den Verlauf dieses Kongresses, der keinen offiziellen Charakter hatte, vgl. Münzel S. 30ff. Moynier S. 11ff.

[6]) Über diese Tätigkeit vgl. Lueder S. 90ff., 102ff., Münzel S. 32ff.

[7]) „La fondation de la croix rouge".

[8]) a. a. O. S. 25.

[9]) Das hatte Dunant vorgeschlagen.

[10]) Die äusseren Vorbereitungen blieben in den Händen des Genfer internationalen Komitees.

[11]) Eingeladen waren alle europäischen und einige amerikanische Staaten.

[12]) Die Vertreter bei Lueder S. 110ff.

[13]) Ausgeblieben waren: Hannover, Brasilien (die gar nicht antworteten), weiter

Das Genfer internationale Komitee hatte einen Entwurf ausgearbeitet.[1]

Dieser Kongress hatte offiziellen Charakter.[2]

Die Beratungen, welche unter dem bestimmenden Einfluss der Franzosen standen,[3] nahmen 7 Sitzungen[4] in Anspruch (8.—22. August), welche auf den Vorschlag des preussischen Abgeordneten v. Kamptz, durch den schweizerischen General Dufour geleitet wurden.[5]

Die beschlossene Konvention ist vom 22. August 1864 datiert[6] und hat 10 Artikel, von welchen Art. 8 die Ausführungsbestimmungen, Art. 9 den freien Beitritt und Art. 10 die Ratifikation regelt, während die Art. 1—7 das materielle Kranken- und Verwundetenrecht enthalten.

II. Noch in Genf erfolgte von seiten der Vertreter der zwölf Staaten, welche dazu Vollmacht erteilt hatten, die Unterzeichnung.[7]

Nach Art. 10 war noch Ratifikation erforderlich und zwar sollten die Ratifikationsurkunden in Bern spätestens innerhalb 4 Monaten, also bis zum 22. Dezbr. 1864 ausgetauscht sein.

An diesen Termin hielten sich aber nur 9 Staaten[8] und zwar haben Frankreich und die Schweiz zuerst ratifiziert.

Der Art. 9 hielt den Nichtsignatarmächten den Beitritt offen.[9]

Österreich und Russland lehnten vorerst den Beitritt noch mit der Erklärung ab, dass die heimischen Einrichtungen vollständig genügend seien.

Doch ist Österreich nach der Schlacht von Königgrätz am 21. Juli 1866 und Russland am 10/22. Mai 1867 beigetreten.

Die anfänglich ablehnende Haltung des Kirchenstaates überraschte. Konnte doch Moynier vom Genfer Abkommen im Geiste seiner Anreger sagen: „il a été inspiré par la morale évangélique, dont il prescrit une remarquable et réjouissante application".

Österreich, Bayern und der Kirchenstaat, die ablehnten, und schliesslich die Türkei, Griechenland und Mexiko, welche sich entschuldigten, aber ihren Beitritt in Aussicht stellten. Russland hatte die Einladung angenommen, konnte aber nicht mehr rechtzeitig Vertreter senden. Vgl. Lueder S 109.

[1]) Abgedruckt bei Lueder S. 113 ff. und Münzel S. 64 ff.

[2]) Moynier S. 27.

[3]) Lueder S. 133 f.

[4]) Die Sitzungen wurden im Genfer Stadthaus (Hotel de ville) abgehalten.

[5]) Über die Verhandlungen vgl. Lueder S. 114—124. Moynier S. 27 und Münzel S. 34 f.

[6]) Übersetzungen in: preuss. Gesetzsammlung 1865 S. 841, bayr. Reg.-Bl. 1866 S. 957 (Weber VI. 642), Kriegs-Sanitäts-Ordnung Beil. d, Lueder a. a. O. 124 ff., Liszt VR., 4. Aufl. S. 384, Fleischmann, S. 60 dort auch Literatur.

[7]) Es waren dies: Baden, Belgien, Dänemark, Spanien, Frankreich, Hessen-Darmstadt, Italien, die Niederlande, Portugal, Preussen, die Schweiz und Württemberg. (Lueder a. a. O. S. 124, Fleischmann S. 69 [1].)

[8]) Frankreich, die Schweiz, Belgien, Holland, Italien, Spanien, Schweden und Norwegen, Dänemark und Baden, (Lueder S 136, Münzel 57, Liszt Lehrb. des VR. 4. Aufl. 336). Darauf wurde der Ratifikationstermin noch zweimal hinausgeschoben. Am 4. Januar 1865 folgte Preussen, während Hessen-Darmstadt und Württemberg ihre Entscheidung noch vom deutschen Bundestag abhängig machten und dann, durch die Ereignisse von 1866 gedrängt, aus eigener Machtvollkommenheit ratifizierten, Württemberg am 2, Hessen am 22. Juni 1866 Schliesslich folgte Portugal am 9. August 1866. Der weitere Anschluss war Beitritt.

[9]) Die Genfer Konvention ist eine „convention ouverte". Über diesen Begriff vgl. meine „Haager Friedenskonferenz", Bd. I. 95 ff.

Als Grund seines schliesslichen Beitritts im Jahre 1868 gab der Papst an, dass den Verwundeten der religiöse Beistand leichter und regelmässiger gespendet werden könne.

Nach der Feststellung von Lueder im Jahre 1876 trug bis dahin die Genfer Konvention die Unterschrift von 22 Staaten.[1])

Heute haben alle 16 Konferenzstaaten ratifiziert resp. ihren Beitritt vollzogen, und diesem Beispiel ist eine ganze Anzahl weiterer Staaten gefolgt, so dass die Genfer Konvention nunmehr die Unterschrift **von 45 Staaten** hat.

Die Zusammenstellung von Fleischmann 1905[2]) beruht auf amtlichen Mitteilungen, die bis zum Juli 1904 reichen.

Auf meine Anfrage, ob seit Juli 1904 noch andere Staaten beigetreten seien, machte mir das politische Departement am 11. Dzbr. 1905 unter Übersendung der (revidierten) amtlichen Liste, welche die Zusammenstellung von Fleischmann mehrfach korrigiert, die dankenswerte Mitteilung, dass China der letzte Staat sei, welcher der erwähnten Konvention beigetreten ist. Der Beitritt Chinas datiere aber vom 29. Juni 1904; der 30. April 1904[3]) sei das Datum der vom Kaiser von China seinem Gesandten in London erteilten Vollmachten zur Abgabe der Erklärung.

Ich gebe im folgenden die amtliche Liste der Ratifikations- und Beitrittsmächte wieder, gleichfalls unter Anfügung des entsprechenden Datums, indem ich den 12 Mächten, welche bereits in Genf unterzeichnet hatten, ganz wie es in der amtlichen Liste geschieht, ein * vorsetze:

*1. Frankreich	**1864**	22. September.
*2. Schweiz	„	1. Oktober.
*3. Belgien	„	14. „
*4. Holland	„	29. November.
*5. Italien	„	4. Dezember.
*6. Spanien	„	5 „
7. Schweden und Norwegen	„	13. „
*8. Dänemark	„	15. „
*9. Baden	„	16. „
*10. Preussen[4])	**1865**	4. Januar.
11. Griechenland	„	5./17. Januar
12. England	„	18. Februar.
13. Mecklenburg-Schwerin	„	9. März
14. Türkei	„	5. Juli.
*15. Württemberg	**1866**	2. Juni.
*16. Hessen	„	22. „
17. Bayern	„	30. „
18. Österreich[5])	„	21. Juli.
*19. Portugal[6])	„	9. August.
20. Sachsen	„	25. Oktober.
21. Russland	**1867**	10./22. Mai.
22. Kirchenstaat	**1868**	9 Mai.

[1]) S. 138. Über weitere Ausdehnungen vgl. Ullmann, Völkerrecht 1898 S. 326[1]. — Moynier, La revision 1898 p. 60f. gibt die von der Schweiz geführte amtliche Liste wieder, welche damals mit dem Beitritt des Orange-Freistaats abschloss (1897). Darnach betrug die Zahl 40. Die Zahl 35, welche Moynier ein Jahr später angab (La conv. de Genève en point de vue religieux p. 3), berücksichtigt die staatlichen Veränderungen.

[2]) Völkerrechtsquellen S. 69.

[3]) Dieses Datum hat Fleischmann S. 69 angegeben.

[4]) Fleischmann S. 69 gibt an: 22. Juni.

[5]) Fleischmann gibt an: 21. Juni.

[6]) Fleischmann gibt an: 19. August.

23. Rumänien	**1874**	18./30. Novbr.
24. Persien	„	5. Dezember.
25. San Salvador	„	30. „
26. Montenegro	**1875**	29. November.
27. Serbien	**1876**	24. März.
28. Bolivia	**1879**	16. Oktober.
29. Chile	„	15. November.
30. Argentinien	„	25. „
31. Peru	**1880**	22. April.
32. Vereinigte Staaten v. Amerika	**1882**	1. März.
33. Bulgarien	**1884**	1. „
34. Japan	**1886**	5. Juni.
35. Luxemburg	**1888**	5. Oktober.
36. Kongostaat	„	27. Dezember.
37. Venezuela	**1894**	9. Juli.
38. Siam	**1895**	29. Juni.
39. Südafrikanische Republik[1]	**1896**	28. September.
40. Oranje-Freistaat	**1897**	28. „
41. Honduras und Nicaragua[2]	**1898**	16. Mai.
42. Uruguay[3]	**1900**	3. „
43. Korea[4]	**1903**	8. Januar.
44. Guatemala[5]	„	24. März.
45. China[6]	**1904**	29. Juni.

Demnach haben sieben **deutsche** Staaten ratifiziert resp. ihren Beitritt erklärt: Preussen, Bayern, Sachsen, Württemberg, Baden, Hessen, und Mecklenburg-Schwerin.

Das deutsche Reich als solches ist später nicht mehr beigetreten; die genannten deutschen Staaten sind nach der Reihenfolge der Verfassung des deutschen Reichs (Art. 1, 6) die ersten deutschen Bundesstaaten, durch welche das Reich genügend verpflichtet erschien.

Übrigens ist jetzt auch das Reich als solches formell gebunden durch seine Ratifikation des Haager Landkriegsabkommens, dessen Art. 21 und 60 die fortdauernde Geltung der Genfer Konvention ausspricht.

Auf diese Weise hätten jetzt alle Ratifikationsmächte des Haager Abkommens die Genfer Konvention anerkannt, obschon sie die letztere weder ratifiziert noch ihren Beitritt erklärt haben sollten.

In dieser Lage befindet sich aber nur Mexiko,[7]) denn alle anderen Haager Ratifikationsmächte haben die Genfer Konvention bereits angenommen und von Mexiko abgesehen, ist der Geltungsbereich der Genfer Konvention sogar ein viel weiterer als der des Haager Landkriegsabkommens.

Völkerrechtliche Abkommen können nur für diejenigen Staaten völkerrechtliche Pflichten erzeugen, welche ratifiziert haben oder beigetreten sind. Aber da kommt sofort eine Schwierigkeit, über welche Bonfils[8]) berichtet:

---

[1]) Fleischmann gibt an: 30. Sptbr.
[2]) Fleischmann gibt an: 28. Juni.
[3]) Fleischmann gibt an: 9. Juni.
[4]) Fleischmann gibt an: 23. Januar.
[5]) Fleischmann gibt an: 31. März.
[6]) Fleischmann gibt an: 30. April.
[7]) Fleischmann 69, Liszt VR. 4. Aufl. S. 337. — Liszt hatte in der 2. Aufl. S. 310 (in der 3. Aufl. 1904 S. 327 fehlt der Vermerk) auf diese Weise auch Siam und China beitreten lassen. (Ebenso Münzel S. 58). Aber Siam ist schon 1895, China freilich erst am 29. Juni 1904 der Genfer Kovention beigetreten. China würde aber auch andernfalls ausscheiden müssen, weil es das Landkriegsabkommen gar nicht unterzeichnet und mithin auch nicht ratifiziert hat. Vgl. meine „Haager Friedenskonferenz" I. S. 51, II. 44.
[8]) Völkerrecht S. 593.

„Es kann vorkommen, dass von zwei kriegführenden Staaten nur einer der Genfer Konvention beigetreten ist. Ist in diesem Falle der Staat, der unterzeichnet hat, verpflichtet, die durch die Konvention aufgestellten Regeln auch dem andern Staat gegenüber zu beobachten? Die Frage kann zweifelhaft sein. Einige sind der Ansicht, dass die Konvention wie jeder Vertrag nur zwischen den beteiligten Parteien verbindliche Kraft erzeuge; andere halten dafür, dass die Genfer Konvention, die in allen ihren Bestimmungen dem Menschenrechte angehöre, zwingendes Recht geschaffen habe; andere endlich unterscheiden zwischen den Bestimmungen der Konvention, die sich auf Grundsätze der Humanität stützen und die angewendet werden müssen, und solchen, die ausschliesslich vertragsähnlicher Natur und daher nicht verpflichtend sind.

Fälle der Art, dass Staaten Krieg führen, von welchen nur der eine die Ratifikation resp. den Beitritt zur Genfer Konvention vollzogen hat, haben sich mittlerweilen ereignet.[1])

Völkerrechtliche Abkommen mit Rechtsquellencharakter sind keine gewöhnlichen Verträge, welche um die Kontrahenten ein Verpflichtungsband schlingen, sondern sie enthalten Rechtssätze, welche die Signatarmächte als verbindlich anerkennen.

Vom rein formell-juristischen Standpunkt könnte man nun zu folgendem Ergebnis gelangen.

Wenn, wie es in den Haager Abkommen geschehen ist, diese Geltung ausschliesslich auf das Verhältnis der Signatarmächte untereinander beschränkt wird, so ist sie demgemäss beschränkt, im anderen Falle aber unbeschränkt. Wollten die Signatarmächte der Genfer Konvention das letztere nicht, so hätten sie eine Bestimmung vorsehen sollen, wie sie später die Haager Konferenzmächte eingestellt haben.

Für die Haager Ratifikationsmächte ist übrigens jetzt die Genfer Konvention tatsächlich auch in diesen Rahmen emporgehoben worden.[2]) Denn durch die Art. 21 und 60 hat letztere die Geltungsklausel erhalten, welche das Landkriegsabkommen im Art. 2 zum Ausdruck bringt.

Aber damit ist unsere Frage nicht erschöpft.

Im völkerrechtlichen Leben spricht die Reziprozität das massgebende Wort, weshalb es auch erlaubt ist, Unbilligkeit mit Unbilligkeit, Unrecht mit Unrecht zu erwidern, also Retorsion und Repressalien zu üben. Man kann unmöglich einem Staat zumuten, die in seine Macht geratenen Ärzte des Gegners zurückzuschicken, wenn jener auf Lazarette und Ärzte feuert und das Sanitätspersonal gefangen hält.

Umgekehrt können aber Nichtsignatarmächte in dem Umfang, in welchem sie eine Konvention freiwillig befolgen, auch von seiten der Signatarmächte Befolgung erwarten. So kommt man denn dazu, die Reziprozitätsklausel für einen selbstverständlichen Zusatz der Abkommen zu erklären, die auch ohne Formalisierung gilt.

Demgemäss sind durch ein rechterzeugendes Abkommen gebunden: einmal die Ratifikationsmächte untereinander ganz allgemein und sodann auch gegen andere im Umfang der Reziprozität.[3])

---

[1]) Krieg zwischen Japan und China (1894/5), zwischen Frankreich und Madagaskar (1895), zwischen Italien und Abessinien (1896).

[2]) Durch Art. 21 u. 60.

[3]) So auch in meiner „Haager Friedenskonferenz“, II. S. 50.

Das liegt auch der Kr.-Sanit.-O. Beil. d. Anm. zu Grund.

Gewiss sprechen im Leben der Menschen wie Staaten noch andere Faktoren mit: Religion, Moral und gute Sitte. Aber damit bewegen wir uns nicht mehr auf dem Gebiete des Rechts.

v. Martens fasst die Bedeutung der Genfer Konvention folgender Massen zusammen: „*Le mérite de la convention de Genève consiste principalement en ce qu'elle a formulé une loi internationale commune, obligatoire pour tous les Etas de l'Europe qui y ont apposé leur signature.*" [1])

§ 2.

Die Bekanntmachung und Sicherung der Genfer Konvention.

I. Die Genfer Konvention wie das ganze Kriegsrecht kann nur wirken, wenn für die Bekanntmachung im Heer genügend gesorgt ist.[2])

Die Publikation in den Gesetzbüchern genügt nicht.

Hat das Haager Landkriegsabkommen im Art. 1 die Signatarmächte verpflichtet, Militärinstruktionen zu erlassen, welche den vereinbarten „Bestimmungen" entsprechen, so enthält der Art. 8 der Genfer Konvention folgende Bestimmung:

„Die Einzelheiten der Ausführung der gegenwärtigen Konvention sollen von den Oberbefehlshabern der kriegführenden Armeen nach den Anweisungen ihrer betreffenden Regierungen und nach Massgabe der in dieser Konvention ausgesprochenen allgemeinen Grundsätze angeordnet werden."

Aber höchst wichtig ist, dass für die Kenntnis der Grundzüge der Genfer Konvention in den Heeren schon vorher gesorgt ist.

Wenn für die Bekanntmachung eines Abkommens nicht rechtzeitig Vorkehrung getroffen ist und der Inhalt der Genfer Konvention nicht schon in Friedenszeiten den Gegenstand des militärischen Unterrichts bildet, wie kann da die Erfüllung der Abkommensbestimmungen für später erwartet werden?[3])

Nachdem im Haag weiter das Landkriegsrecht kodifiziert worden ist, gilt für dieses übrigens ganz dasselbe.[4])

Die Forderung[5]) hat daher ihre Berechtigung, dass die Militärverwaltungen aller beteiligten Staaten Vorkehrungen treffen, dass insbesondere

---

[1]) La paix et la guerre p. 432.

[2]) Vgl. zum Folgenden vor allen Dahn, Bausteine V. 1 S. 63, 171, Lueder S. 402 ff. und Gillot p. 300, 599, bei welchem auch weitere Literatur. Weiterhin insbesondere v. Martens, La paix et la guerre p 238 ff., 298 ff., 437 ff.

[3]) Gillot p. 304. Dahn, Bausteine V. 1 S. 63, 171. Von den Türken z. B. sagte später Bonfils-Grah, Völkerrecht S. 596: „(sie) kümmerten sich gar nicht um die Genfer Konvention In Wirklichkeit war sie ihnen unbekannt." Noch schärfer v. Martens-Bergbohm, Völkerrecht II. 504 f. und v. Martens, La paix et la guerre p. 421, 439 ff. Über die Vorstellungen von Deutschland gegen das völkerrechtswidrige Verhalten der Türkei im russisch-türkischen Krieg vgl. S. 440, 462 ff.; über den Protest des völkerrechtlichen Instituts vgl. S. 550 ff.

[4]) Vgl. meine „Haager Friedenskonferenz" II. S. 49.

[5]) Bei einer Revision der Genfer Konvention sollte eine Bestimmung, dass die Signatarmächte für die gehörige Bekanntmachung sorgen werden, in das Abkommen eingestellt werden, wie das später denn auch die Entwürfe der Pariser Konferenz Art. 9, von Lueder Art. 7 und Ziegler Art. 9 vorgesehen haben. In gleicher Weise enthält das schweizerische Enoncé Nr XIV die Forderung: „Prescrire les mesures les plus indispensables pour porter à la connaissance des troupes et des populations la teneur de la Convention." Vgl. dazu Moynier, La revision p. 37 und Entw. Art. 34, sowie auch v. Martens, La paix et la guerre p. 440 ff. und (über die einschlägige Forderung des völkerrechtlichen Instituts von 1877) p. 552 Z. 3.

die Offiziere, Militärärzte und Militärbeamten über das Kriegs- und Sanitätsrecht Vorträge hören können, um so eine sichere Grundlage für ihre Instruktionstätigkeit zu gewinnen.

Es genügt weiterhin nicht bei der Genfer Konvention, dass die Elite der Gesellschaft dieselbe kennt, sondern es muss auch insbesondere die grosse Masse mit ihrem Inhalt bekannt sein.[1])

Die Durchführung selbst muss freilich den Staaten überlassen werden und ist von internationalen Aufsichtsvorkehrungen Abstand zu nehmen.[2])

Ich will gleich hier erwähnen, dass die deutsche Felddienstordnung eingehend über den Sanitätsdienst aufklärt[3]) und die Bestimmungen der Genfer Konvention wiedergibt,[4]) wie überhaupt vom Anfang an dafür gesorgt war, dass die deutschen Soldaten mit den Bestimmungen der Genfer Konvention genügend vertraut wurden.

Nur wenn die Genfer Konvention als bekannt vorausgesetzt werden darf, kann man auch Strafen für die Übertretung ins Auge fassen.[5])

II. Bei Rechtsbestimmungen muss man freilich auch damit rechnen, dass sie nicht erfüllt, dass sie verletzt werden.

Da setzt nun bei Staatsgesetzen der innerstaatliche Zwangsapparat ein.

Mit der Sanktion der internationalen Abkommen hat es aber seine Schwierigkeiten, die denn auch auf dem Gebiet der Genfer Konvention schon recht unangenehm empfunden worden sind.[6])

1. Die Einen versuchten es mit einer Massregelung der Staaten, welche die Genfer Konvention verletzt haben.

Aber eine Strafgewalt über Staaten setzt ein internationales Recht voraus, das Staatsrecht ist, und damit ist die innere Unmöglichkeit eines solchen Begehrens festgestellt.[7])

Man muss annehmen und kann erforderlichen Falls nur durch diplomatische Mittel — auch Interventionen[8]) — und die öffentliche Meinung, eventuell selbst durch Repressalien dahin wirken, dass ein Staat, der ein Abkommen unterzeichnet und ratifiziert hat, dasselbe loyal erfüllt.

Moynier[9]) sagt mit Recht von der Genfer Konvention:

„Elle constitue plutôt entre les contractants un engagement d'honneur, dont la méconnaissance peut compromettre leur bonne réputation, mais ne les expose guère à d'autres dommages qu'à des représailles.“

---

1) Moynier, La revision p. 37 f.

2) Gillot p. 308, Münzel, S. 184.

3) Z. 456 - 473. Vgl. auch die Kr.-San.-O. Beil. d.

4) Z. 474—475. Auf der Karlsruher Konferenz der Rotekreuzgesellschaften 1887 bemerkte auch ein japanischer Delegierter, dass in Japan die Bestimmungen der Genfer Konvention jeden Monat den Truppen vorgelesen würden (Gillot p. 308[1]).

5) In Deutschland hat Corval schon 1871 verlangt, dass sich die Staaten verpflichten, den Inhalt der Genfer Konvention den Mannschaften bekannt zu geben, bei Beginn eines Krieges als Kriegsgesetz zu verkünden und Verletzungen mit strengen kriegsrechtlichen Strafen zu bedrohen. Vgl. Dahn, Bausteine V. 1 S. 102.

6) Vgl. Kuhn, der Missbrauch des roten Kreuzes 1905.

7) Vgl. auch Lueder S. 427 f.

8) Vgl. z. B. das Auftreten Deutschlands gegen die Türkei im russisch-türkischen Krieg 1877 oben S. 7[3] und dazu die Vorstellungen des völkerrechtlichen Instituts von 1877 (v. Martens p. 552).

9) La revision p. 34.

2. Etwas anderes ist es, wenn die Staaten selbst die Konventionsverletzungen ihrer Untertanen bestrafen. Das ist möglich und wünschenswert.

Empfiehlt es sich, in der Konvention selbst eine derartige staatliche Verpflichtung festzulegen?

Man kann die Frage bejahen, wenn die Bestimmung nur sagt, dass, nicht aber wie Konventionsverletzungen bestraft werden sollen.[1] Die unangenehmen Erfahrungen, die man bis jetzt gemacht hat, legen das Wünschenswerte einer solchen internationalen Garantie nahe.[2]

Die Strafjustiz selbst hat sich aber in das staatliche Straf- und Militärrecht einzufügen.

Der Art. 9 des Oltener Entwurfs sieht folgendes vor:

„Dieser Vertrag ist den Truppen und der Bevölkerung von den vertragsschliessenden Mächten zur Kenntnis zu bringen. Verletzungen desselben sollen durch die Gesetzgebung im Krieg und Frieden mit Strafe bedroht werden."

Dahin geht auch der Vorschlag von Renault,[3] dass jedes Land in seinem Militärstrafgesetzbuch genaue Bestimmungen zu enthalten habe, welche die Zuwiderhandlung gegen anerkannte völkerrechtliche Grundsätze, beispielsweise die Übertretungen der Genfer Konvention unter Strafe stellen.

Man wird aber alles Weitere den im Art. 8 vorgesehenen Ausführungsbestimmungen überlassen müssen, welche für die Durchführung der Konvention und die Betrafung der Konventionsverletzungen leicht das Erforderliche anordnen können, aber auch anordnen sollen.

Einen Zwang zur Bestrafung wird man auf die Staaten in keiner Weise ausüben können und dürfen.

Man hat dies zwar insbesondere nach dem Vorgang von Moynier (1872)[4] durch obligatorische Schiedsgerichte zu erreichen versucht,[5] welche die Klagen wegen Konventionsverletzungen zu entscheiden hätten, wonach dann die betreffenden Staaten die Strafen vollstrecken müssten.

---

[1]) Ebenso Lueder S. 30 und die dort Citierten. Weiter Münzel S. 185 ff. und Gillot p. 312.

[2]) v. Martens-Bergbohm, Völkerrecht III. S. 504 f.

[3]) Introduction à l'étude du droit international 1879 p. 45. Bonfils-Grah, Völkerrecht S. 597.

[4]) „Note sur la création d'une institution judiciaire internationale propre à prévenir et à réprimer les infractions à la Convention de Genève" (Revue de droit international public 1872 IV. p. 325). Hiernach soll beim Beginn eines Krieges der Präsident der Schweiz ein Schiedsgericht einberufen, wovon 3 den neutralen und 2 den kriegführenden Mächten angehören.

[5]) Dieser Vorschlag ist vielfach gemacht worden. Vgl. die bei Lueder S. 432[12] Citierten. Dagegen aber schon Lueder mit überzeugenden Gründen. Ebenso Gillot p. 317, 399. Auch auf der Haager Konferenz war von Holland und der Schweiz beantragt, die Verletzungen der Haager Konvention der obligatorischen Schiedssprechung zu unterwerfen (IV. 111). Auf den energischen Widerspruch der Vertreter von Deutschland, Österreich, Russland, England und schliesslich der Schweiz selbst sah man aber davon ab, obschon die Vertreter von Frankreich und Italien dafür zu haben gewesen wären (IV. 115). Vgl. Bd. I S. 174, 176. Man befürchtete, dass das Schiedsgericht die Kriegführung vor ihr Forum ziehen würde (Zorn, deutsche Rundschau 1900 S. 119). Dabei erkannte aber der Ausschuss an, dass es nützlich sei, die Sanktionsfrage bezüglich der Genfer Konvention einer weiteren Prüfung zu unterstellen (IV. 111). Es gibt indes keinen Krieg, in welchem die Verletzung der Genfer Konvention nicht auf beiden Seiten zu den heftigsten Anklagen führt

Eine derartige Teilung der Souveränität in eine Urteils- und Vollstreckungshoheit ist aber mit den Grundlagen unserer geltenden Staatsrechte unverträglich und auch praktisch gar nicht durchzuführen.

Moynier[1]) hat dann später (1895) einen anderen Vorschlag gemacht, der aber ebensowenig annehmbar ist:

Jeder Staat erlässt hiernach ein Strafgesetz gegen die Verletzungen der Genfer Konvention, aber er hat aus Erwägungen der Unparteilichkeit in einem neutralen Staat ein Tribunal zu organisieren.

Weiter war das neutrale Tribunal hier lediglich als Untersuchungskommission gedacht und die Aburteilung sollte auf Grund der Untersuchungsakten in der Heimat erfolgen. Nur wenn der Staat selbst der schuldige Teil ist, sollte das neutrale Gericht selbst ein „stigmate moral“ erlassen.

Aber auch auf das Recht der eigenen Untersuchung kann der Staat, der ein Urteil fällen soll, unmöglich für immer verzichten. Ein Staat, der nicht mehr volle Gerichtshoheit über seine Untertanen hätte, ist nach modernem Staatsrecht undenkbar.

Schliesslich kommt es überall doch auch wieder nur auf seine Vollstreckungsbereitwilligkeit an und an diesem Punkt werden schliesslich alle Reformversuche scheitern. Denn das Völkerrecht verfügt über keinen Rechtszwang, und freiwillige Erfüllung kann man nur beim freigewählten Schiedsgericht erwarten.[2])

Das Institut de droit international hatte sich mit dem letzten Vorschlag Moyniers zu Cambridge 1895 zu beschäftigen.[3]) Die internationale Verpflichtung der Staaten zum Erlasse von staatlichen Strafgesetzen gegen die Konventionsverletzungen konnte ohne weiteres gutgeheissen werden, wie denn auch 1897 die Wiener Konferenz der Rotekreuzgesellschaften einen solchen Beschluss fasste. Vgl. unten S. 11 Aber der bereits erwähnte weitere Vorschlag Moyniers, eine internationale Kommission mit der Untersuchung der Verletzungen zu betrauen, musste als undurchführbar abgelehnt werden. Im übrigen gab man der Idee Moyniers die unbedenkliche Wendung, dass auch hier die Anrufung der guten Dienste der Neutralen freistehe. Der neutrale Staat sei dann ein einfacher Vermittler, der mit der Untersuchung betraut sei und auch seine Meinung abgebe, aber ohne dass dies verbindliche Folgen habe. Dagegen ist natürlich nichts zu erinnern.

Übrigens hatte das internationale Institut schon in der Züricher Versammlung im Jahre 1877 das Kriegsrecht „sous la sauvegarde de l'ensemble des Etats européens“ gestellt wissen wollen,[4]) und sind ja auch Vorstellungen unbeteiligter Mächte über Verletzungen der Genfer Konvention schon erfolgt.[5])

(v. Martens). Während des Krieges kann man sich darauf nicht einlassen, und nach dem Krieg hat der Friedensschluss alles beglichen und beide Teile wollen in Frieden leben.

[1]) „Considérations sur la sanction pénale à donner à la Convention de Genève 1895.“

[2]) Münzel S, 186 f. Meine „Haager Friedenskonferenz“ I. S. 348.

[3]) Annuaire t. XIV. p. 17, 188. Revue de droit international t. II. 528. Auch teilweise abgedruckt bei Moynier La revision p. 35 f.

[4]) v. Martens, La paix et la guerre p. 550.

[5]) Vgl. oben S. 7[3]. Das Institut selbst erwähnt a. a. O. eine englische Vorstellung dieser Art.

Schliesslich ging 1895 auch noch einmal Roszkowski: „Bemerkungen über die Strafsanktion der Genfer Konvention", davon aus, dass eine internationale Konvention eine internationale Strafsanktion erhalten müsse, kraft deren ein internationales Schiedsgericht zu entscheiden, aber der Staat selbst zu vollstrecken habe.

Aber diese Idee war bereits verbraucht und abgetan, ebenso wie die Anregung des holländischen Generals Den Beer Poortugael beim Institut de droit international 1900, in Anlehnung an den ständigen Schiedshof eine ständige internationale Untersuchungskommission ins Leben zu rufen, welche über die Beobachtung der Kriegsgesetze zu wachen habe.[1])

Die Russen hatten es seit 1884 wenigstens mit einem internationalen Bureau zur Feststellung der Übertretungen der Genfer Konvention, resp. zur Beurteilung zweifelhafter Übertretungsfälle versuchen wollen.[2])

Aber auf der Karlsruher Konferenz der Rotekreuzgesellschaften von 1887 erwies sich auch dieser Plan als unausführbar und die Wiener Konferenz 1897 entschied ebenso.

Damals lagen folgende russische Anträge vor:

1. Staatliche Strafbestimmungen für die Übertretung der Genfer Konvention.

Dieser Antrag wurde einstimmig angenommen.

2. Schaffung eines internationalen Bureaus, das über zweifelhafte Übertretungsfälle sein Urteil abgeben soll.

Dieser Antrag wurde mit der Begründung abgelehnt, dass es Staatssache sei, solche Einrichtungen ins Leben zu rufen.[3])

Das schweizerische Enoncé Nr. XIII hat im Jahr 1898 nochmals die Sanktionsfrage gestellt,[4]) was Moynier zur wiederholten Stellungnahme veranlasste.[5])

Und nun kam auch Moynier zu dem Ergebnis: Gemeinschaftliche Strafbestimmungen der Signatarmächte sind ein Traum, der zur Zeit noch nicht verwirklicht werden kann. Die Strafjustiz ist noch ausschliesslich staatsrechtlicher Natur und muss auch verschieden sein im Hinblick auf Nationalcharakter u. s. w. Völkerrechtlich kann man nur die staatliche Bestrafung der Konventionsverletzungen fordern, aber weiter darf man nicht gehen und muss somit die „exécution" den Regierungen überlassen. Jeder Staat kann durch einfache Beitrittserklärung zur Genfer Konvention an deren Wohltaten teilnehmen. Als „correctif" dieses absoluten Rechts muss man erwarten, dass er dann aber auch gegen die Verletzungen staatlich vorgeht. Hier haben alle Signatarmächte das gleiche Interesse. —

[1]) Gillot p. 328.
[2]) Gillot p. 103.
[3]) Gillot p. 105, 321.
[4]) „Assurer une sanction pénale aux prescriptions de la Convention." Ebenso Nr. XIV am Schluss: „ainsi que les peines encourues par ses violateurs".
[5]) La revision p. 34 ff. und 37 f. Ähnlich Gillot p. 328. Vgl. auch die Ausführungen vorher.

Schliesslich übernimmt Moynier die beiden Artikel des völkerrechtlichen Instituts, welche den Inhalt einer Konvention bilden sollen:

Art. 1. Chacune des parties contractantes s'engage à élaborer une loi pénale visant toutes les infractions possibles à la Convention de Genève.

Art. 2. Dans le délai de trois années ces lois devront être promulguées et notifiées au Conseil fédéral suisse qui les communiquera, par la voie diplomatique, aux puissances signataires de la Convention.

Les changements que l'un ou l'autre des Etats contractants ferait subir ultérieurement à sa loi pénale seraient aussi notifiés au Conseil fédéral suisse."

Auch v. Martens hat 1901 die Sanktionsfrage noch einmal gewürdigt und bis zur internationalen Regelung alles auf die Strafgewalt resp. die Repressalien des Gegners abgeladen. [1])

Weiter als Renault, Moynier und v. Martens, kann man in der Tat nicht wohl gehen.

Es könnte jetzt Art. 120ff. der Generalakte der Konferenz von Algeciras vom Jahre 1906 einigermassen zum Vorbild dienen: Die Vertragsmächte mögen sich verpflichten, die nötigen strafgesetzgeberischen Massnahmen herbeizuführen, während im übrigen die Geltung a quo unbefristet bleibt.

Es genügt aber vielleicht auch die einfache Verpflichtung der Vertragsmächte, alle erforderlichen Vorkehrungen treffen zu wollen, welche rücksichtlich ihrer Soldaten und sonstigen Untertanen die Kenntnis, Anwendung und Befolgung der Genfer Konvention sicher stellen. Nötigenfalls dürfen auch noch massvolle Repressalien den Gegner an die Rechtsverbindlichkeit der Genfer Konvention erinnern.

§ 3.

Die Reformbestrebungen bis zur Haager Konferenz.

Moynier leitete 1898 eine Schrift folgendermassen ein:

„Dès que la Convention de Genève du 22 août 1864 eut vu le jour, elle fut anathématisée au nom de la théorie et de la pratique, qui n'y trouvaient complètement leur compte ni l'une ni l'autre." [2])

Die Genfer Konvention ermangelt hiernach

„de précision et d'autorité." [3])

Auch nach dem Urteil von v. Martens hat die Erfahrung gezeigt, das die Genfer Konvention war

„incomplet et défectueux sous bien de rapports." [4])

Also was der Genfer Konvention vorgeworfen wird, ist: **Unvollständigkeit** und **Mangelhaftigkeit.**

Die Reformbestrebungen bezüglich der Genfer Konvention hatten

---

[1]) La paix et la guerre p. 430, 468. Die Schlussforderung auf S. 468 lautet:

„1. d'infliger des punitions sévères aux soldats et aux sujets ennemis convaincus d'infractions contre l'acte de Genève;

2. de restreindre la liberté personnelle et de rendre responsables les commandants faits prisonniers de l'armée ennemie."

[2]) La revision de la Convention de Genève 1898 S. 5.

[3]) a. a. O. S. 7.

[4]) La paix et la guerre 1901 p. 434. Vgl. auch Gillot p. 6.

schon zur Zeit der Haager Konferenz eine Geschichte, die man in zwei Perioden einteilen konnte.

Die erste Periode von 1864—1875 ist die Zeit der praktischen Reformvorschläge, in welcher zahlreiche Konferenzen an der Revision des Verwundetenrechts erfolglos arbeiteten.

In der zweiten Periode von 1875 bis zur Haager Konferenz verhandelte man, abgesehen von der Sanktionsfrage, die bereits erörtert ist,[1]) über den Schutz des roten Kreuzes, wobei aber auch die Reformbedürftigkeit der Genfer Konvention fortgesetzt anerkannt wurde. Am Schluss dieser Periode verdichten sich die Reformbestrebungen wieder zu praktischen Vorschlägen.

I. In den grossen Kriegen von 1866[2]) und 1870/71[3]) hatte die Genfer Konvention ihre Feuerprobe zu bestehen.

Wenn hier im allgemeinen auch die praktische Anwendbarkeit und Leistungsfähigkeit der Genfer Konvention zu Tage trat, so zeigte es sich doch, dass die Bestimmungen vielfach unbestimmt und unzureichend, sowie zum Teil sogar bedenklich waren.[4])

Die Beschlussfassung war seinerzeit doch etwas übereilt erfolgt.

Seitdem ist die Frage der Reformbedürftigkeit der Genfer Konvention auf Kongressen der verschiedensten Art und in der Literatur unausgesetzt erörtert worden.

1. An erster Stelle steht die Berliner Militär-Sanitäts-Konferenz vom Frühjahr 1867. Hier handelte es sich um eine Reform des preussischen Militär- Medizinal- und Lazaretwesens auf Grund der Erfahrungen, die man im Jahre 1866 gemacht hatte.[5])

2. Mit der Pariser Weltausstellung von 1867 sollte auch eine internationale Ausstellung der Hilfsgesellschaften für verwundete Krieger verbunden werden. Deshalb machte das Genfer internationale Komitee, welches auch die Ratifikationsbewegung leitete, bereits im September 1866 den Vorschlag, gelegentlich der Weltausstellung eine allgemeine Konferenz der Hilfskomitees der verschiedenen Staaten nach Paris einzuberufen.[6])

Demgemäss konstituierten sich die Delegierten in Paris als Vorbereitungskommission, und auf Antrag der am 26. März 1867 bestellten Unterkommission beschloss im April 1867 die Generalversammlung der

---

[1]) Vgl. oben S. 8 ff.

[2]) Bereits am 3. Juni 1866 erteilte König Wilhelm I. dem Höchstkommandierenden in Böhmen den Befehl, gegen Österreich, das der Genfer Konvention damals noch nicht beigetreten war (vgl. oben S. 3 f.), in Erwartung der Gegenseitigkeit die durch die Genfer Konvention geforderten Humanitätsrücksichten zu üben (vgl. Lueder S. 142 f.). Auch Moynier spendete später Preussen für seine Haltung im Jahre 1866 volles Lob („La fondation de la croix rouge" p. 31). Die süddeutschen Staaten waren in letzter Stunde der Genfer Konvention beigetreten (Lueder S. 144). Vgl. oben S. 3 f.

[3]) Vgl. Dahn, Bausteine V. 1 S. 63, 171, v. Martens, La paix et la guerre p. 437 ff.

[4]) Vgl. Moynier a. a. O. p. 30, v. Martens a. a. O.

[5]) Lueder S. 145 ff., die Abänderungsvorschläge S. 148 ff. Münzel S. 59. Auch dieser hat die später erfolgten Abänderungsentwürfe abgedruckt S. 77 ff. Vgl. weiter Gillot, La revision de la Convention de Genève p. 47 ff.

[6]) Lueder S. 153 ff., Münzel S. 59 f., Moynier, La revision de la Convention de Genève p. 6.

Delegierten der Hilfsgesellschaften, im August desselben Jahres in Paris eine internationale Konferenz abzuhalten, zu welcher dann alle Delegierte der Hilfsgesellschaften, alle Ärzte, die der Krankenpflege obliegenden Ritterorden und Gesellschaften u. s. w. eingeladen wurden.[1])

In einer nachfolgenden Versammlung einigte man sich auch über den Beratungsgegenstand und formulierte 17 Fragen. Die 1. und 2. Frage lautete:

Für welche Artikel der Genfer Konvention ist eine Abänderung wünschenswert? Welche anderen Artikel sollen hinzugefügt werden?

Zur besseren Vorbereitung der Konferenz wurden drei Abteilungen gebildet, und der zweiten Abteilung die Revision der Genfer Konvention zugewiesen. Hier wurde ein vollständiger Abänderungsentwurf festgestellt[2]) und später in einer Plenarsitzung (Pariser Präliminarkonferenz vom 11. Juni) gutgeheissen.[3])

Zur Vorberatung fand auf Anregung der Grossherzoglich-hessischen Hilfsgesellschaft am 22. August auch eine rein deutsche Versammlung, nämlich eine Konferenz der deutschen Hilfsgesellschaften in Würzburg statt[4]) unter dem Vorsitz von Held, dem damaligen Vertreter des Staats- und Völkerrechts an der Universität Würzburg.[5])

Der so vorbereitete Pariser Kongress fand dann vom 26.—31. August 1867 statt. Er war kein Diplomatenkongress, sondern nur eine freie Versammlung, auf welcher aber 17 Staaten vertreten waren.[6])

Die Beratungen über die Genfer Konvention fanden unter dem Vorsitz von Moynier statt und nahmen drei Sitzungen in Anspruch.

Der hier beschlossene Text war in der Hauptsache der Entwurf der Pariser Präliminarkonferenz, welcher aber mehrfach durch die Würzburger Beschlüsse abgeändert wurde und auch die Krankenpflege im Seekrieg hereinzog.[7])

Schon im August 1867 hatte übrigens auch Italien eine Ausdehnung der Genfer Konvention auf den Seekrieg gewünscht.

3. Nunmehr handelte es sich darum, dass ein Staatenkongress zur Revisionsfrage Stellung nahm, und die Schweiz erliess am 12. August 1868 die Einladungen zu einer amtlichen Konferenz, die am 5. Oktober desselben Jahres wiederum in Genf zusammentrat.

Der Genfer Kongress von 1868 einigte sich in der Tat über 9 Articles de marine (Art. 6—14). Die weiter beschlossenen Zusatz-

---

[1]) Lueder S. 154f.

[2]) a. a. O. S. 155f. Der Entwurf ist abgedruckt a. a. O. S. 158ff.

[3]) a. a. O. S. 164.

[4]) Vgl. darüber Lueder S. 164ff. Hier lagen auch schon Abänderungsvorschläge des Vorstands der Grossherzoglich-hessischen Hilfsgesellschaft vor, die a. a. O. S. 167 abgedruckt sind.

[5]) Die Würzburger Abänderungsvorschläge, welche unter Berücksichtigung der Pariser, der preussischen und der hessischen Anträge beschlossen wurden, sind a. a. O. S. 168ff. besprochen und der neue Entwurf S. 172ff. abgedruckt.

[6]) Vgl. darüber a. a. O. S. 176ff.

[7]) Abgedruckt a. a. O. S. 180ff.

artikel 1—5 brachten fortbildende Erläuterungen zur Genfer Konvention. Aber die Ratifikation blieb aus. Deutschland indes hat sie übernommen.[1])

4. Im Jahre 1873 setzte die deutsche Kaiserin Augusta, welche für alle humanitären Aufgaben, und so insbesondere auch für die Bestrebungen des roten Kreuzes rastlos tätig war, zwei Preise aus für die besten Arbeiten 1. über die kriegschirurgische Technik[2]) und 2. über die Genfer Konvention.

Den letzterwähnten Preis erhielt Lueder für sein Werk über „Die Genfer Konvention" 1876.

Für die Kritik und Beurteilung der Revisionsbedürftigkeit der Genfer Konvention ist das Luedersche Buch von grundlegender Bedeutung geworden.[3]) Nach eingehenden Einzeluntersuchungen gibt er am Schluss eine leicht orientierende wertvolle Übersicht über die jeweils entsprechenden Artikel der Genfer Konvention von 1864, die Artikel der preussischen Vorschläge von 1867, der Pariser Präliminar-Konferenz von 1867, der Würzburger Versammlung von 1867, der Pariser Konferenz von 1867, der Genfer Zusatzartikel von 1868 und seine eigenen Vorschläge.[4])

Der Luedersche Entwurf ist eine höchst verdienstliche Vorarbeit für eine Revision, aber für die Kodifikation selbst wohl noch zu breit, das Ganze nicht übersichtlich und knapp genug.[5])

Bereits aus dem Jahre 1874 stammte das Werk von Schmidt-Ernsthausen: „Das Prinzip der Genfer Konvention und die freiwilligen nationalen Hilfsorganisationen für den Krieg".[6])

5. Für die Brüsseler Konferenz von 1874[7]) hatte die russische Regierung einen Landkriegsrechtsentwurf vorgelegt, welcher auch einen Teil der Genfer Konvention, freilich unter erheblichen Umgestaltungen, aufnahm (Art. 38—44)[8]), während über den ausgefallenen Teil jedes Wort fehlte. Vgl. meine „Haager Friedenskonferenz", Bd. II. S. 23.

Die russischen Verbesserungsvorschläge stimmten in allen erheblichen Punkten mit den Luederschen Anschauungen überein, welch letztere auf der Brüsseler Konferenz auch von den hervorragendsten Bevollmächtigten, insbesondere dem ersten Vertreter Deutschlands General v. Voigts-Rhetz,

---

[1]) Kriegs-Sanitäts-Ordnung Beil. d.

[2]) Diesen Preis erhielten: Esmarch (1/2), Porter und Landsberger (je 1/4).

[3]) Vorausgegangen war eine Arbeit von Dr. v. Corval: „Die Genfer Konvention im Krieg von 1870—71, Beitrag zur Beurteilung derselben in der praktischen Durchführung 1871". Felix Dahn, der dieses „vortreffliche kleine Büchlein" in den Bausteinen V. 1. S. 95 ff. bespricht und sich die Forderung des Verfassers nach einer „vollständigen Umarbeitung" der Genfer Konvention zu eigen macht, hebt hervor, dass diese Schrift eine Reihe von Bemerkungen über Lücken, unklare und unpraktische Bestimmungen jener Konvention und zugleich die entsprechenden Reformvorschläge enthält. „Beides, die Kritik und die Reform beruhen auf gründlicher, reicher Erfahrung und klarer Einsicht in die in der Tat oft schreienden Übelstände der damaligen Praxis, die dringenden Bedürfnisse in diesen Dingen". (a. a. O.)

[4]) Anhang S. X—XLI.

[5]) So auch Münzel, S. 180.

[6]) Gillot p. 80 sagt: „Ces deux ouvrages profondément pensés contiennent des projets de revision de la convention de Genève, projets basés sur les expériences antérieurs et sur une compréhension plus exacte du sujet".

[7]) Gillot p. 75 ff.

[8]) Abgedruckt bei Lueder S. 242 f.

geteilt und noch übertroffen wurden.[1]) Der letztere legte an Stelle der russischen Rotekreuzbestimmungen einen von ihm ausgearbeiteten neuen Entwurf vor.[2]) Auch die belgische Regierung[3]) und die eingesetzte Unterkommission [4]) kam hier mit je einer neuen Vorlage.

Die bloss stückweise Neuordnung einer gesetzlich festgelegten Materie war aber unter allen Umständen ein gesetzestechnischer Fehler, und das internationale Komitee des roten Kreuzes, welches befürchtete, dass dadurch die Feinde der Rotekreuzidee Oberwasser gewinnen könnten, warnte davor, diesen Weg zu beschreiten.[5]) Aus dieser Erwägung hat die Brüsseler Konferenz schliesslich denn auch die auf der Genfer Konvention bezüglichen Stellen trotz der augenscheinlichen Verbesserungsbedürftigkeit der letzteren wieder gestrichen und sich vorerst damit begnügt, auf die Genfer Konvention als weitergeltend einfach zu verweisen: „sauf les modifications dont celle-ci pourra être l'objet".

Die einfache Fortgeltung der Genfer Konvention wurde an zwei Stellen ausgesprochen, einmal bei den Verpflichtungen der Kriegführenden und dann bei den Verpflichtungen der Neutralen, welche mit der Krankenpflege zu tun haben. So entstand der Art. 35[6]) und 56.

Der Zusatz „sauf les modifications etc." war ein Kompromiss, das sachliche Zugeständnis an den russischen Vorschlag wie an das internationale Rotekreuzkomitee.

Aber „cette résolution ne fut cependant pas le dernier mot des assistants".[7])

Die Brüsseler Konferenz bildete in ihrem Schoss eine grosse und zwar ausschliesslich aus Militärs bestehende Kommission mit dem Auftrag, über die Reformfrage in einen Meinungsaustausch zu treten und diesen im Protokoll festzulegen. Um aber ihre Regierungen nicht zu binden, hat man sogar von Resolutionen Abstand genommen.[8])

Diese Kommission trat über die einzelnen Artikel der Genfer Konvention und die Zusatzartikel in Beratung. Dabei betonte insbesondere der deutsche Vertreter, welcher in hervorragender Weise an den Erörterungen teilnahm, dass die vom militärischen Standpunkt abgegebenen Urteile über die Verbesserungsbedürftigkeit der Genfer Konvention für eine zukünftige Konferenz gewiss ihre Wirkung nicht versagen würden.

Leider gingen die Ansichten aber noch sehr auseinander.

Immerhin durfte man hoffen, dass die zu Protokoll gegebenen fachmännischen Urteile der hervorragenden Militärs, bei welchen vernünftiger-

---

1) a. a. O. S. 243 [10].
2) Abgedruckt a. a. O. S. 249.
3) Abgedruckt a. a. O. S. 250 f.
4) Abgedruckt a. a. O. S. 252 f.
5) Moynier, La revision de la Convention de Genève 1898 S. 8.
6) Der Art. 35 geht auf einen Antrag Landsbergers und einen Abänderungsvorschlag von Hammer zurück (Lueder a. a. O. 253).
7) Moynier, La revision de la Convention de Genève 1898 S. 8.
8) a. a. O. S. 9. Actes p. 92.

weise die Frage des praktisch Erreichbaren im Vordergrund stand, in Zukunft von der grössten Bedeutung sein würden.

Die Vorschläge betrafen insbesondere die Änderung der „neutralité“ in „inviolabilité“, die Gleichstellung der „hôpitaux“ und „ambulances“, die Verpflichtung des gefangenen Sanitätspersonals zum Aushalten, die Bewachung der Hospitäler, die Missbräuche der Erkennungsmarke u. s. w.[1])

Die Wirkung dieser Beratung zeigte sich in zahlreichen Beitritten zur Genfer Konvention: Vor der Brüsseler Konferenz trug die Konvention 22 Unterschriften; dazu kamen alsbald noch weitere 18.[2])

II. In den Anfang der zweiten Periode fallen die Balkankriege.[3])

Gleich im serbisch-türkischen Kriege, am 16. Novbr. 1876, fand auf einmal die hohe Pforte und teilte es dem schweizerischen Bundesrat mit, dass sie unmöglich das Genfer Rotekreuz führen könne, obschon sie sich durch ihren Beitritt zur Genfer Konvention dazu verpflichtet hätte, da „la nature de ce signe blessait les susceptibilités du soldat musulman“.[4]) Des weiteren erklärte die Türkei, dass sie als Schutzzeichen den roten Halbmond führen werde und bat den schweizerischen Bundesrat, die völkerrechtliche Anerkennung dieser Neuerung in die Wege zu leiten.

Aber die Haltung der Staaten in dieser Frage war ganz verschieden.[5]) Am wenigsten zugänglich waren die Grossmächte, welche nun erst recht den Hass der Muselmänner gegen das Kreuz auflodern sahen und die Notwendigkeit einer Konferenzentscheidung betonten. Russland hatte bei seiner mittlerweilen ausgesprochenen Anerkennung der türkischen Forderung[6]) das besondere Versprechen der Türkei veranlasst und erhalten, dass die Türken das Kreuz bei den Russen respektieren würden. Das war indes nur ein modus vivendi[7]), über dessen Verletzung zudem die Russen viel zu klagen hatten; die prinzipielle Entscheidung stand darnach immer noch aus.

In der ganzen zweiten Periode traten vor allem die Rotekreuzgesellschaften auf den Plan[8]) und regten insbesondere den Schutz des roten Kreuzes und die Strafsanktion für die Genfer Bestimmungen an.

Im Jahre 1880 tagten in Frankfurt a/M. die deutschen Hilfsgesellschaften und hier wurde eine Kommission ernannt, welche die Bedeutung und Rechtstellung des roten Kreuzes festlegen sollte. Der Staatssekretär des Reichsjustizamts wies aber später auf die Notwendigkeit einer internationalen Vereinbarung hin.

Mittlerweilen war nämlich das rote Kreuz vielfach zu kaufmännischen Geschäften missbraucht worden, und dagegen sollte vorgegangen werden.

---

[1]) Lueder a. a. O. S. 254 f. Münzel S. 71 f.

[2]) Moynier, La revision de la Convention de Genève. p. 8.

[3]) Gillot p. 83, 107.

[4]) Bulletin international de la Croix Rouge tom. VIII. 36. Moynier, a. a. O. S. 9. v. Martens, La paix et la guerre p. 233 ff.

[5]) Vgl. darüber Moynier u. v. Martens a. a. O.

[6]) v. Martens a. a. O. p. 443.

[7]) Derselbe war durch Deutschland angeregt worden und galt nur für die Dauer des russisch-türkischen Kriegs. v. Martens a. a. O. p. 234.

[8]) Gillot p. 100 ff.

Dies kam noch einmal auf der internationalen Konferenz der Hilfsgesellschaften zu Genf im Jahre 1884 zur Sprache, wo vor allem die Frage der Sicherstellung der Genfer Konvention auf der Tagesordnung stand. Die Regierungen wurden hier ersucht, für die Feststellung der Persönlichkeit der Verwundeten und Toten sowie die Achtung des roten Kreuzes Sorge zu tragen. Dabei verpflichtete sich jedes Mitglied nach Massgabe seiner Autorität für eine Revision der Genfer Konvention tätig zu werden.

In Gemässheit dieser Idee trat im Jahre 1885 das Genfer internationale Komitee mit dem Berliner Zentralkomitee in Verbindung, und man tauschte Revisionsentwürfe aus; aber die Regierungen wagten sich noch nicht an die Sache heran.[1]

Im Jahre 1887 trat die internationale Konferenz der Hilfsgesellschaften in Karlsruhe zusammen.[2] Es handelte sich hier um die Prüfung des schon 1884 von Russland gestellten und dann den Zentralkomitees zur Prüfung überwiesenen Antrags betr. Schaffung eines neutralen internationalen Bureaus des roten Kreuzes, dessen Delegierte im Krieg Zeuge der Beobachtung der Genfer Konvention sein sollten.

Aber auch aus diesem Sanktionsplan wurde nichts; aber die Konferenz empfahl den Regierungen, wenigstens für den Schutz des Genfer Neutralitätszeichens und die Kenntnis der Rotekreuzbestimmungen tätig zu werden.

In erster Hinsicht hatten die Bemühungen einen gewissen Erfolg. Während Buzzati in einer preisgekrönten Arbeit vergebens ein internationales Schutzabkommen empfahl, betraten mehrere Staaten den Weg der landesgesetzlichen Regelung.[3] Die internationale Konferenz der Rotekreuzgesellschaften in Rom 1892 empfahl auf den Antrag des deutschen Komitees, gegen die Ausführungen von Buzzati, dieses Verfahren auch den übrigen Ländern.[4]

Nachdem das schweizerische Enoncé vom Jahre 1898 Nr. XII noch einmal die Frage aufgeworfen hatte,[5] trat auch Moynier[6] für die staatliche Monopolisierung des Genfer Kreuzes ein, unter dem natürlichen Vorbehalt der Rechte der Rotekreuzgesellschaften selbst.

Am 22. März 1902 erging das deutsche Reichsgesetz zum Schutz des Genfer Neutralitätszeichens.[7]

In den Schluss dieser Periode fielen der chinesisch-japanische (1894/5), der griechisch-türkische (1897) und der spanisch-amerikanische Krieg (1897/8).[8]

Der Haager Friedenskonferenz folgten: der südafrikanische Krieg (1899), die Expedition nach China (1900/01) und der japanisch-russische Krieg (1904/05).

---

[1] a. a. O. p. 103. Vgl. weiter Molnar, die Genfer Konvention. Hist.-krit. Studie 1887.
[2] Gillot p. 103.
[3] Österreich-Ungarn (1887/9), Belgien (1891), Argentinien (1893).
[4] Gillot p. 105.
[5] „Faire de l'emploi du signe de la croix rouge sur le fond blanc un monopol légal, étendu, en temps de paix, à certaines associations civiles à déterminer."
[6] La revision p. 36 f.
[7] RGBl. 125.
[8] Gillot a. a. O. 125 ff.

Diese wie die vorausgegangenen Kriege sorgten dafür, dass die Revisionsfrage nicht mehr von der Tagesordnung verschwand.

Mit derselben beschäftigten sich vor der Haager Friedenskonferenz vor allem noch zwei kleinere Konferenzen:

1. Die spanisch-portugiesische Konferenz in Madrid 1892. Bei einer Beratung des Kriegsrechts wurde hier nämlich auch die Genfer Konvention als verbesserungsbedürftig erklärt und ein Entwurf ausgearbeitet, zugleich aber auch die Notwendigkeit der Ausdehnung für den Seekrieg betont.

2. Gleichfalls im Jahre 1892 fanden auch in Olten zwei Konferenzen (21. Mai und 16. Juli) von Sanitätsoffizieren statt, wo ein neuer, der sog. Oltener Entwurf vereinbart wurde.[1])

In Anlehnung an den Oltener Entwurf arbeitete dann Ziegler, der Chef des schweizerischen Militär-Sanitätswesens, ein neues Projekt für den schweizerischen Bundesrat aus.[2]) Es kamen dann die internationalen Konferenzen der Rotekreuzgesellschaften von Karlsruhe 1887 und Rom 1892, und das internationale Komitee regte jetzt nochmals die Ausdehnung der Genfer Konvention auf den Seekrieg an.

Wie auch später im Haag festgestellt worden ist,[3]) wurde von der römischen Konferenz 1892 die italienische Regierung ersucht, diese Frage in Gang zu bringen. Im Jahre 1896 hat dann aber die italienische Regierung in Ausführung des Beschlusses von 1892 bei der schweizerischen Regierung angefragt, ob sie nicht lieber die Initiative ergreifen wolle.

Der schweizerische Bundesrat, welcher bereits mit der Prüfung des Oltener und Zieglerschen Entwurfs beschäftigt war, antwortete, dass er gern die geschichtliche Tradition fortsetzen werde. Im Jahre 1898 stellte er nun für die Revision praktische Richtpunkte oder ein vollständiges Programm auf unter dem Titel „Enoncé de quelques idées à examiner pour la revision de la Convention de Genève.[4])

---

[1]) Über die Verhandlungen und den Entwurf handelt die Schrift des schweizerischen Oberst Bircher, welcher über den Entwurf referiert hatte: „Die Revision der Genfer Konvention" 1893. Eine eingehende Kritik über diesen Entwurf gibt Triepel: „Die neuesten Fortschritte auf dem Gebiete des Kriegsrechts" in d. Ztschr. f. Litt. u. Gesch. der Staatsw. 1894 II. 194—226. Hiernach erscheint der Oltener Entwurf „zwar als verbesserungsbedürftig, im allgemeinen aber als ein wesentlicher Fortschritt gegenüber der geltenden Konvention". Münzel S. 180 urteilt über den Oltener Entwurf: „Dieser ist kurz, prägnant, bestimmt, die Satzbildung einfach, sehr gut schematisiert und durch Unterabteilungen in den einzelnen Artikeln, welche durch Zahlen oder Buchstaben bezeichnet sind, so übersichtlich geordnet, dass das Zusammengehörige und von einem Punkte abhängende sofort als solches erkannt wird".

[2]) Ziegler „La revision de la Convention de Genève" 1896. Auch abgedruckt bei Gillot, La revision de la Convention de Genève 1901 p. 354. Vgl. darüber Moynier, „La revision de la Convention de Genève" 1898 p. 11. Hier sind die Zieglerschen Vorschläge als „sages et moderées" bezeichnet: „*Elles répondent assez exactement aux réclamations actuelles de la conscience publique, ainsi qu'aux concessions à attendre des récalcitrants de jadis.*

[3]) III. 10. Vgl. auch Moynier a. a. O. S. 12.

[4]) Abgedruckt a. a. O. S. 58 f. Ein Enoncé dieser Art, nur noch nicht so detailliert, hatte die Schweiz schon der 2. Genfer Konferenz 1868 vorgelegt und auf diese Weise derselben kräftig vorgearbeitet. Abgedruckt bei Lueder S. 197 ff.

Eine Kritik der hier aufgeworfenen 15 Programmpunkte ist das unten angeführte Werk von Moynier von 1898, der davon ausgehend, dass dieses Programm keinen „caractère définitif“ habe und nur eine „liste d'indications“ sei,[1]) seinerseits einen revidierten Entwurf in Vorlage brachte, der auch den Seekrieg berücksichtigte.[2])

Soviel über die Reformbewegung bis zur Haager Konferenz.[3])

§ 4.
Der „Wunsch“ der Haager Konferenz.

Die Revisionsfrage war durch Kritiken und Entwürfe gründlich vorbereitet, als sie 1899 in dem weiten Rahmen der Haager Konferenz erschien.

Allerdings war in dem russischen Programm (Z. 5 und 6) zunächst nur die Rede von der Anpassung der Genfer Konvention für den Seekrieg, worüber die erste oder Marine-Unterkommission zu beraten hatte.[4])

I. Aber gleich bei der ersten Kommissionsberatung am 25. Mai stellte es sich heraus, dass Russland nicht bloss die Anwendung der Genfer Konvention für den Seekrieg, sondern auch eine Revision der Genfer Konvention selbst wünschte.

Der russische Oberst Gilinsky teilte zwei im russischen Kriegsministerium ausgearbeitete Anträge mit, welche als Grundlage für die Revision dienen konnten, und welche zu Protokoll genommen wurden, um für die weiteren Verhandlungen als Material zu dienen.[5])

Die beiden Anträge gingen:

1. auf Revision der Genfer Konvention unter Benützung der von der Gesellschaft des roten Kreuzes auf den Konferenzen von 1867,[6]) 1869[7]) und 1884[8]) gestellten Anträge.

Diese Revision sollte sich darauf richten, die Bestimmungen der Genfer Konvention dem heutigen Schlachtbild anzupassen. Denn, so meinte Gilinsky, die grossen Massen der Kämpfer erfordern eine schnelle und wohl organisierte Hilfe. Zu diesem Zwecke möge man daher zur Hilfeleistung die Privathilfsgesellschaften mit ihren eigenen Transportmitteln und die fremden Ärzte unter dem Schutz des roten Kreuzes zulassen.

2. Die russische Anregung ging weiter auf Errichtung eines „inter-

---

[1]) a. a. O. 15.

[2]) Abgedruckt S. 47 ff., der Entwurf ist auch abgedruckt bei Gillot a. a O. p. 359.

[3]) Eine historisch-kritische Darstellung der Reformfrage bis auf die neueste Zeit enthalten vor allem die wiederholt angeführten Doktordissertationen von Münzel und Gillot vom Jahre 1901. Letzterer hat am Schluss S. 339 ff. auch einen eigenen Entwurf in Vorlage gebracht.

[4]) Vgl. meine „Haager Friedenskonferenz II. S. 5 f.

[5]) „Conférence Internationale De La Paix“ III. 3. Vgl. a. a. O. S. 6.

[6]) Berliner Militär-Sanitäts-Konferenz vom Frühjahr 1867 (vgl. Lueder, die Genfer Konvention S. 145 ff.), Pariser Hilfsverein-Delegiertenversammlung vom Sommer 1867 (a. a. O. S. 154 ff.), Würzburger Versammlung des deutschen Hilfsvereins vom 22. August 1867 (a. a. O. 164). Vor allem aber die internationale Pariser Augustversammlung (a. a. O. S. 176).

[7]) Berliner Kongress (a. a. O. S. 228). Vgl. zu all diesen Versammlungen auch Lueder in Holtzendorffs Hdb. des VR. IV. S. 314 f.

[8]) Vgl. oben S. 11, 18.

nationalen Bureaus des roten Kreuzes", das durch alle Mächte anerkannt, auf dem Boden des Völkerrechts stehe und die Aufgabe habe, alle Fragen der freiwilligen Hilfeleistung gemäss der von Russland auf der Genfer Konferenz des roten Kreuzes von 1884 abgegebenen Erklärung zu regeln.[1])

Der schweizerische Bevollmächtigte Odier, von Descamps aufgefordert, sich über die Zuständigkeitsfrage zu äussern,[2]) meinte, dass die Konferenz für die Revision der Genfer Konvention keinen Auftrag habe. Die Revision erfordere auch eine Mitwirkung der Ärzte und mehr noch die Vertretung aller Signatarmächte der Genfer Konvention. Die Revisionsfrage würde besser einer besonderen Konferenz vorbehalten werden.

Der holländische Bevollmächtigte Asser glaubte aber zwischen der tatsächlichen und der rechtlichen Zuständigkeit unterscheiden zu sollen. In tatsächlicher Hinsicht, d. h. zur Prüfung von Sanitätsfragen sei die Konferenz nicht geeignet. Im übrigen brauche sich aber die Konferenz nicht so ängstlich an den Text des russischen Rundschreibens zu halten. Das im Einverständnis mit der russischen Regierung abgefasste Rundschreiben des holländischen Ministers Beaufort vom 6. April 1899 weise denn auch der Konferenz nicht bloss das Programm Murawieffs, sondern auch *„toutes autres questions qui se rattachent aux idées qui sont émises dans la Circulaire du 12/24 août 1898"*.[3])

Der Kommissionspräsident von Martens bezog diese Wendung aber auf Art. 35 des Entwurfs einer Landkriegsdeklaration und glaubte, dass die Konferenz an die acht Punkte des russischen Rundschreibens gebunden sei; immerhin könne die erste Unterkommission ihre Gedanken und Wünsche aussprechen, durch welche die Konferenz ja nicht verpflichtet werde. Was die Aufgabe der zweiten Unterkommission betreffe, so sei diese durch den Text der Brüsseler Landkriegsdeklaration von 1874 bestimmt.[4])

Freilich konnte sich auch hier bei Art. 35 und 56 leicht die Reformfrage einhängen,[5]) was, wie wir sofort sehen werden, denn auch geschah.

Die Stellungnahme zur Revisionsfrage konnte der zweiten Kommission nicht erspart werden. Zwar hatte die Vollkommission sich zur Reform selbst für unzuständig erklärt. Aber eine andere Frage war, ob man nicht wenigstens die Notwendigkeit einer Reform aussprechen und die Revision durch eine spätere Konferenz anregen solle.

II. In beiden Unterkommissionen wurde die Revisionsfrage daher wieder aufgenommen.

1. In der zweiten Unterkommission, welche das landkriegsrechtliche Abkommen zu beraten hatte, wurde bei Art. 35 und 56 der Brüsseler Deklaration die Revisionsfrage am 1. Juni nur kurz gestreift.

---

[1]) Vgl. darüber oben S. 11.

[2]) III. 4. Schon in der ersten Kommissionssitzung hatte der französische Bevollmächtigte Renault darauf hingewiesen, dass im russischen Rundschreiben von keiner Revision der Genfer Konvention die Rede sei (III. 2).

[3]) III. 4. Vgl. Bd. I. 13.

[4]) III. 4.

[5]) v. Martens stellte alsbald auf eine Anfrage von Descamps fest, dass die Bevollmächtigten zu allen Artikeln Abänderungsanträge stellen könnten (III. 4).

Die Brüsseler Konferenz von 1874 hatte unter Anerkennung der Reformbedürftigkeit der Genfer Konvention sich im Art. 35 [1]) vorerst mit der einfachen Aufrechterhaltung der letzteren begnügt und nur den Zusatz gemacht: „sauf les modifications dont celle-ci pourra être l'objet".

Der Art. 56 [2]) hatte weiter noch die Genfer Konvention auch auf die im neutralen Gebiet untergebrachten Kranken und Verwundeten ausgegedehnt.

Durch die unveränderte Vorlage dieser beiden Artikel im Haag hatte man zu verstehen gegeben, dass man die Haager Konferenz mit der Reformfrage nicht beschäftigen wolle.

In der zweiten Unterkommission bei der ersten Lesung [3]) der Art. 35 und 56 des Entwurfs am 1. Juni 1899 erklärte daher der Vorsitzende v. Martens, er glaube nicht, dass die beiden Artikel Anlass zur Erörterung geben würden. Dieselben wollten ja nur die fortdauernde Geltung der Genfer Konvention sichern. Die letzte Wendung im Art. 35 fasse zwar auch die etwaige Revision der Genfer Konvention ins Auge, mit der aber vielleicht besser eine andere Konferenz alsbald beschäftigt werde.

Der englische General Sir John Ardagh erklärte bei dieser Gelegenheit seine Ansicht zu Protokoll, dass die Genfer Konvention in der Tat revisionsbedürftig sei. [4])

2. In der ersten Unterkommission kam man aber nicht so glatt und rasch über die Reformfrage hinweg.

Der ersten Unterkommission war ja die Aufgabe gesetzt worden, die Grundsätze der Genfer Konvention für den Seekrieg anzupassen. Hier wurde also die Reformfrage besonders praktisch; Schritt für Schritt trat die Notwendigkeit der Reform zu Tage und die Unterkommission erhob denn auch schliesslich den „Wunsch" nach dem baldigen Zusammentritt einer besonderen Konferenz zum Zwecke einer Revision der Genfer Konvention zum förmlichen Beschluss.

Das ist noch näher darzustellen.

Bereits am Schluss der ersten Lesung der ersten Marine-Unterkommission am 25. Mai erinnerte der Vorsitzende, Asser, an den Beschluss des Plenums der Konferenz, dass die Kommission, trotzdem sie zur Revision der Genfer Konvention nicht zuständig sei, doch bezüglich der Nr. 5 und 6 des Rundschreibens „toute latitude" habe, „de formuler des résolutions." [5])

Am Schluss der zweiten Lesung kam man nun auf die Revisionsfrage zu sprechen.

Der Präsident Asser erinnerte wiederum an den Beschluss der Vollkommission, dass sie zur Revision der Genfer Konvention unzuständig sei.

---

[1]) Vgl. denselben in meiner „Haager Friedenskonferenz II." S. 28

[2]) Vgl. denselben a. a. O. S. 30.

[3]) III. 98.

[4]) III. 98. Die zweite Lesung verlief hier debattelos. III. 160 f. Kommissionsbericht III. 39. Auch die Kommission nahm die beiden Artikel ohne Erörterung an (III. 26 f.).

[5]) III. 61.

Es wäre aber wünschenswert, wenigstens die Revisionsbedürftigkeit auszusprechen.[1]) Er schlug daher vor, sich auf folgenden Wunsch („voeu") beschlussmässig zu einigen:

„Indem die Haager Konferenz von den vorbereitenden Schritten der schweizerischen Bundesregierung zur Revision der Genfer Konvention Kenntnis nimmt, spricht sie den Wunsch aus, dass in kurzer Frist die Einberufung einer besonderen Konferenz zur Revision dieser Konvention erfolgt.[2])

Der russische Bevollmächtigte Scheine fragte an, ob das als selbständige Kodifikation gedacht sei. Der Präsident hielt es an sich zwar für nützlich, dieses Werk in das Haager Abkommen einzuarbeiten und einen einheitlichen Code herzustellen. Aber für den Fall, dass man vor der Revision durch einen Seekrieg überrascht werden sollte, bestehe ein Interesse daran, dass das Haager Abkommen alsdann unterzeichnet sei. Es empfehle sich somit nicht, die Unterzeichnung des Haager Abkommens bis zur Revision der Genfer Konvention hinauszuschieben.[3])

An diesen letzten Gedanken knüpfte der französische Bevollmächtigte Renault an: Man solle dem Haager Abkommen seinen selbständigen Charakter dauernd wahren. Man solle sich hüten, das Haager Abkommen mit der Revisionsfrage zu verquicken. Man würde sonst Gefahr laufen, dass der Geltungstermin für die Haager Beschlüsse auf unbestimmte Zeit hinausgeschoben würde.

Der schweizer Bevollmächtigte Odier meinte, es genüge, wenn die Unterkommission den vom Präsidenten vorgeschlagenen Wunsch, betr. die Abänderung des Genfer Abkommens fasse. Es sei aber nicht nötig, damit die andere Frage, betr. die Kodifikation des eben beratenen Entwurfs zusammenzukoppeln.

Der schwedisch-norwegische Bevollmächtigte Thaulow stimmte dem zu und meinte, die Unterkommission dürfe schon die Revision verlangen.[4])

Darauf einigte man sich denn auch auf den von Asser vorgeschlagenen „Wunsch".

III. In der Kommissionssitzung gab der Präsident v. Martens Kenntnis von dem Wunsch der Unterkommission, betr. die Revision der Genfer Konvention.[5]) Asser widmete ihm einige Worte.[6])

Der rumänische erste Vertreter Beldiman unterstützte diesen Wunsch, indem er gleichzeitig einen Zusatz[7]) anregte, wonach die Einberufung der Revisionskonferenz der Sorge der schweizerischen Bundesregierung überlassen werden solle.

Aber diese Beldimansche Anregung führte dann noch zu lebhaften Ausführungen.

---

[1]) III. 83 mit dem Zusatz „dans un délai rapproché".
[2]) III. 83.
[3]) a. a. O.
[4]) III. 83.
[5]) III. 10.
[6]) a. a. O.
[7]) „et par les soins du Conseil fédéral Suisse" (a. a. O.).

Der neue Antrag von Beldiman war nur als Anerkennung für die bisherigen Verdienste der Schweiz um das rote Kreuz gedacht; aber das war nicht bestimmt genug zum Ausdruck gekommen.

Der Präsident bemerkte deshalb alsbald: dass nach der Beldimanschen Fassung der Schweiz eine „charge" aufgeladen und die Bundesregierung für die Berufung der Konferenz allein zuständig werde. Aus der Geschichte der Bewegung des roten Kreuzes [1]) gehe aber hervor, dass man es den beteiligten Regierungen überlassen solle, sich über die Zeit und den Ort der Berufung zu verständigen. [2])

Asser schloss sich diesen Ausführungen an.

Übrigens enthalte ja bereits der Wunsch einen Hinweis auf die Schweiz, der das Recht der Schweiz zur Einberufung der Revisionskonferenz genügend anzeige. [3])

Der schweizer Bevollmächtigte Odier erkannte wohl an, dass die schweizerische Regierung hier kein Monopol habe; jede Signatarmacht der Genfer Konvention könne die Konferenz berufen. Aber ebenso richtig sei es, dass nach der römischen Konferenz 1892 die italienische Regierung das weitere auf die schweizerische Bundesregierung abgeladen habe. [4]) Die letztere habe es darauf übernommen, zu geeigneter Zeit die Revision zu veranlassen und sie wäre dankbar, wenn die jetzige Konferenz der Schweiz die Ehre der Auftragserneuerung (de la charger de réaliser la revision) erweisen wolle. Die Idee der Genfer Konvention gehe auf die Schweiz zurück und die Schweiz glaube daher bis zu gewissem Grad ein Interesse und ein Recht der Initiative auf diesem Gebiet zu haben. Sie würde daher sehr glücklich sein, wenn man die schweizerische Bundesregierung mit der Aufgabe betrauen wollte, die Revisionskonferenz nach der Schweiz zu berufen. [5])

Auch der deutsche Bevollmächtigte Dr. Zorn trat für den Antrag Beldiman ein: die Konvention trage nicht bloss den Namen einer schweizerischen Stadt, sondern gehe auch auf die hochherzige Anregung eines Schweizers zurück. Es sei eine Ehrenpflicht gegen die Schweiz, ihr das Recht der Initiative zuzuerkennen. [6])

Der japanische Bevollmächtigte Motono und der italienische Bevollmächtigte Graf Nigra sprachen sich in demselben Sinne aus.

Die anderen Mächte sollten dadurch, wie Beldiman auf eine Anfrage des portugiesischen ersten Vertreters Graf Macedo ausführte, nicht ausgeschlossen werden; man wollte nur den Wunsch ausdrücken, dass die Berufung durch die Schweiz erfolge. [7])

Der englische erste Vertreter Pauncefote fasste das aber wieder als „obligation formelle" auf und warf daher die Zuständigkeitsfrage auf. Er

---

[1]) v. Martens wies hier auf die oben geschilderten Vorgänge von 1892/96 hin und hob noch des besonderen hervor, dass 1892 die Schweiz gegen den an die italienische Regierung gestellten Antrag nicht protestiert habe (III. 10).

[2]) a. a. O.

[3]) a. a. O.

[4]) Vgl. oben S. 19.

[5]) III. 11.

[6]) a. a. O.

[7]) a. a. O.

erklärte unter der Zustimmung des Präsidenten, der schon ähnliches gesagt hatte und jetzt wieder von einem „mandat“ sprach: man könne einer anderen Macht eine derartige Pflicht gar nicht auferlegen.[1])

Auch Asser meinte, dass seine Fassung genüge: dieselbe wolle feststellen, dass alle Mitglieder der Konferenz glücklich wären, wenn die schweizerische Bundesregierung die Anregung zur Berufung einer Konferenz behufs Revision der Genfer Konvention geben werde.

Beldiman nahm Kenntnis von dieser Erklärung und meinte, dieselbe bedeute einen Beitritt zu seinem Antrag.[2])

Darauf wurde über den Antrag Beldiman abgestimmt. Dafür waren 13[3]), dagegen 1 Stimme[4]); 12 Stimmen enthielten sich.[5])

Man zählte die Stimmenthaltungen den Kontra-Stimmen hinzu. Der Antrag Beldiman hatte also nicht die Mehrheit und es wurde jetzt über den Hauptantrag der Unterkommission abgestimmt.

Für diesen Antrag stimmten 22 Staaten,

nämlich: Deutschland, die Vereinigten Staaten von Amerika, Österreich-Ungarn, Belgien, China, Dänemark, Spanien, Frankreich, Griechenland, Italien, Mexiko, Montenegro, Holland, Persien, Portugal, Russland, Serbien, Siam, Schweden-Norwegen, die Schweiz, die Türkei, Bulgarien.

Vier Staaten enthielten sich der Stimme,

nämlich: England, Japan, Luxemburg und Rumänien.[6])

In der folgenden Kommissionssitzung am 5. Juli[7]) musste indes noch einmal auf die Sache eingegangen werden.

Die Vereinigten Staaten waren der einzige Staat gewesen, der glatt gegen den Antrag Beldiman gestimmt hatte.

Der amerikanische Kapitän Mahan teilte jetzt aber mit, dass er nach seiner jüngsten Instruktion sein ablehnendes Votum nicht mehr aufrecht erhalten könne und für den Antrag Beldiman zu stimmen habe, welcher für die Revision der Genfer Konvention die Anregung der schweizerischen Bundesregierung überlasse.[8])

Beldiman bemerkte: Damit ist mein Antrag angenommen; denn nunmehr sind 14 Stimmen, also die Mehrheit, dafür.

Aber auch abgesehen davon, so meinte er, sei es angezeigt, auf die Abstimmung zurückzukommen. Wenn man die Stimmenthaltung als Ablehnung behandle, so entspreche das weder der Übung der Parlamente noch der Haager Konferenz. Doch wolle er im Interesse der Einmütigkeit weder eine Berichtigung der Abstimmung verlangen, noch auch seinen alten Antrag aufrecht erhalten. Er stelle vielmehr jetzt einen neuen Antrag: Die vorangehenden zwei Abstimmungen für nichtig zu erklären und dem seinerzeit

---

1) a. a. O.
2) a. a O.
3) Deutschland, Österreich-Ungarn, China, Dänemark, Spanien, Italien, Japan, Luxemburg, Persien, Rumänien, Serbien, Siam und die Schweiz (a. a. O.).
4) Die Vereinigten Staaten von Amerika (a. a. O.).
5) Belgien, Frankreich, England, Griechenland, Mexiko, Montenegro, Holland, Portugal, Russland, Schweden-Norwegen, die Türkei, Bulgarien (a. a. O.).
6) a. a. O.
7) III. 25.
8) a. a. O.

in der Unterkommission von Asser beantragten „Wunsche“ nunmehr einmütig beizutreten.[1])

In der Hoffnung auf die Zustimmung aller Mitglieder gab Beldiman sodann noch folgende Anregung („motion“):

Bei ihrem Wunsch betr. die Abänderung der Genfer Konvention tritt die zweite Kommission vollständig der Erklärung bei, welche Asser, der Vorsitzende der ersten Unterkommission in der Sitzung vom 20. Juni abgegeben hat[2]) und in welcher der holländische Vertreter festgestellt hat, „dass alle im Haag versammelten Vertreter glücklich sein würden, wenn die schweizerische Bundesregierung binnen kurzem die Initiative zur Einberufung einer Konferenz zur Revision der Genfer Konvention ergreifen wollte“.

Zunächst wurden die beiden Anträge Beldimans betr. die Nichtigkeitserklärung der früheren Abstimmung und betr. die einstimmige Annahme des „Wunsches“ ohne Erörterung angenommen.

Auch die Anregung Beldimans wurde sofort durch Motono unterstützt; und der amerikanische erste Vertreter White gab die Erklärung ab, die erste Abstimmung der Vereinigten Staaten habe auf einem Missverständnis beruht. Die amerikanische Regierung habe den lebhaften Wunsch, der Schweiz Gerechtigkeit widerfahren zu lassen, da diese seinerzeit das grosse Werk der Menschlichkeit angeregt und durchgeführt habe.

Der Präsident beschrieb nunmehr die Tragweite der Anregung Beldiman dahin, sie bedeute keinen Angriff auf die Handlungsfreiheit der Regierungen. Diese seien befugt, der Schweiz auf eine etwaige Anregung die Antwort zu geben, welche ihren Ansichten und Interessen entspreche.

Der englische erste Vertreter Pauncefote legte Wert darauf, ausdrücklich festzustellen, dass die Schweiz durch den Wunsch keinen Auftrag („mandat“) erhalte. Der Präsident stimmte dem zu und unter diesem Vorbehalt wurde auch die Anregung Beldimans einstimmig angenommen.[3])

IV. Beldiman betonte übrigens, dass hier das Plenum noch entscheiden solle.[4])

In der 5. Plenarsitzung am 5. Juli berichtete v. Martens in Fortsetzung seines Referats über die von der zweiten Unterkommission gefassten Wünsche auch über den von Asser übermittelten Wunsch der ersten Unterkommission betr. die Revision der Genfer Konvention, mitsamt der Beldimanschen Anregung.[5])

von Martens fügte hinzu: Die Konferenz wolle damit der schweizerischen Regierung keinen förmlichen Auftrag („mandat formel“) zur Berufung eines Revisionskongresses erteilen, wohl aber den Wunsch ausdrücken, dass man die Revision der Genfer Konvention schliesslich den Bemühungen der schweizerischen Bundesregierung zu danken haben möge.[6])

---

[1]) a. a. O.
[2]) Vgl. oben S. 22 f.
[3]) III. 26.
[4]) III. 26.
[5]) I. 43. Hier sind beide noch einmal abgedruckt.
[6]) I. 43.

Nach dieser Erklärung wurde der „Wunsch" und die „Motion" nach dem Antrag der Kommission von der Konferenz angenommen.[1])

Die Schlussakte[2]) enthält demgemäss folgenden Wunsch (voeu) (Nr. 1), mit dem Zusatz, dass er einstimmig angenommen worden sei:

„La Conférence, prenant considération des démarches préliminaires faites par le Gouvernement Fédéral Suisse pour revision de la Convention de Genève émet le voeu qu'il soit procédé à bref délai à la réunion d'une conférence spéciale ayant pour objet la revision de cette Convention."

Die Genfer Konvention ist so recht eigentlich ein Werk der Schweizer, welche hier ein Werk der Humanität angeregt und durchgeführt sowie immer wieder nachgeprüft und verbessert haben, das gar nicht mehr verschwinden kann. Man hat das seinerzeit auch anerkannt, indem man das Schutzabzeichen dem schweizerischen Nationalzeichen nachgebildet hat und nur eine Farbenumstellung vornahm.

Es war daher nur billig und recht, dass die Ehre der weiteren Initiative durch die Haager Konferenz ausdrücklich der Schweiz überlassen wurde.

Man erteilte der Schweiz keinen Auftrag, sondern erwies ihr nur eine Ehre.

Aber die Schweiz zeigte sich sofort bereit, ihrerseits diese Ehre in Arbeit umzusetzen, wie es der energischen und nüchternen Art dieses zielbewussten Volkes entspricht.

Bereits am 17. Februar 1903 hatte der schweizerische Bundesrat, unter Aufstellung eines bestimmten Programms, zu einer neuen Konferenz in Genf eingeladen, welche am 14. September 1903 eröffnet werden sollte.[3]) Aber der Ausbruch des russisch-japanischen Krieges hinderte den Zusammentritt, der nach einer Mitteilung des Bundesrats vom 24. Juli 1903 auf unbestimmte Zeit ausgesetzt sei.[4])

Der schweizerische Bundesrat hat mittlerweile die sofort nach dem Friedensschluss von Portsmouth ergangene Einladung Russlands zur zweiten Haager Konferenz angenommen, aber daran erinnert, dass die Schweiz, gestützt auf den Beschluss der Friedenskonferenz, sich die Fragen betreffend das rote Kreuz vorbehalte. Der Bundesrat werde, sobald es die Verhältnisse gestatten, zur Revision der Genfer Konvention schreiten.

Die ungünstigen Zeitverhältnisse haben bis jetzt den Zusammentritt einer Rotekreuzkonferenz verhindert, aber die Schweiz wird sicherlich sobald als möglich ihre Zusicherung einlösen. Die Revision wird kommen und wird nach dem Haager Rotekreuzabkommen am besten auf den Landkrieg beschränkt bleiben, wobei freilich nachträgliche Änderungen jenes Haager Abkommens notwendig werden dürften.

---

1) a. a. O.
2) I. 221. Vgl. meine „Haager Friedenskonferenz" Bd. I. S. 52.
3) Fleischmann, Völkerrechtsquellen S. 294[4].
4) a. a. O.

Zweites Kapitel.

Der Inhalt und die Verbesserungsbedürftigkeit der Genfer Konvention.

§ 5.

Die Sanitätsanstalten.

Die Parole muss lauten: **Verbesserung, nicht Aufhebung.**[1])

Auch Moynier[2]) hat ausdrücklich zugegeben, dass zahlreiche Veränderungen angezeigt erscheinen und er unterscheidet dabei 4 Gruppen. Darnach sind

1. Einige Artikel (3) aufzuheben **(élaguer).**
2. Andere Artikel in grösserer Zahl auszulegen **(expliquer).**
3. Andere inhaltlich zu ergänzen **(développer).**
4. Einige Lücken auszufüllen **(compléter).**

Einer der Hauptfehler der Genfer Konvention ist ihre schlechte Fassung.[3])

Im folgenden soll die Genfer Konvention unter Hervorhebung der verbesserungsbedürftigen Punkte dargestellt werden.

Durch das Abkommen betr. die Anwendung der Grundsätze der Genfer Konvention auf den Seekrieg hat die Haager Konferenz, wie bereits erwähnt, zum Teil schon die Richtung der Fortbildung gewiesen und zur Klärung von Streitfragen Beiträge geliefert, die für die folgende Darstellung Beachtung finden müssen.

Die ersten 7 Artikel der Genfer Konvention sind materiellrechtlicher Art und regeln, abgesehen von dem Schutzabzeichen, die rechtliche Stellung der Sanitätsanstalten, des Sanitätspersonals und des Sanitätsmaterials, sowie die Sanitätsleistungen der Einwohner und last not least die Rechtsstellung der Kranken und Verwundeten. Die Genfer Konvention enthält indes nur völkerrechtliche Grundzüge,[4]) welche nach Art. 8 erst in den militärischen Instruktionen staatsrechtliche Form, sowie Leib und Leben gewinnen können, aber auch gewinnen müssen.[5])

Was die materiellrechtlichen Anordnungen betrifft, so stellt die Genfer Konvention nicht etwa, wie man erwarten sollte, und wie es Lueder[6]) und andere[7]) später vorgeschlagen haben, den Hauptsatz an die Spitze, dass die verwundeten und kranken Soldaten ohne Unterschied der Nationalität

---

[1]) Triepel, S. 193: „Der namentlich in militärischen Kreisen vorübergehend aufgetretene Wunsch nach völliger Beseitigung der Konvention ist zum Glück unerfüllt geblieben, aber die Erkenntnis der Verbesserungsbedürftigkeit des Vertrags hat immer weitere Verbreitung gefunden".

[2]) La revision de la Convention de Genève p. 16.

[3]) Triepel, S. 195 f.

[4]) Vgl. auch Moynier, La revision p. 13.

[5]) Vgl. oben S. 7.

[6]) Die Genfer Konvention S. 313. Vgl. auch die Fassung des Art. 1 im Anhang S. XI.

[7]) Der Oltener Entwurf, Bircher, 54, Triepel, 219, Münzel, 101, 176, Gillot p. 145. Auch Dahn, Bausteine V. 1. S. 100 hebt hervor, dass der Schutz der verwundeten Feinde den „Hauptinhalt" der Konvention ausmache.

aufgenommen und verpflegt werden sollen, sondern behält sich diese Anordnung für den Art. 6 vor, dem sich erst Bestimmungen über Lazarette, Lazarettpersonal, Lazarettmaterial und Lazarettdienste vorbauen.[1])

Der Art. 1 handelt über die Lazarette und hat folgenden Wortlaut:

„Les ambulances et les hôpitaux militaires sont reconnus neutres, et, comme tels, protégés et respectés par les belligérants, aussi longtemps qu'il s'y trouvera des malades ou des blessés.

La neutralité cesserait si ces ambulances ou ces hôpitaux étaient gardés par une force militaire."

I. Das Objekt der Schutzbestimmung.

Die Idee des Verwundetenschutzes verwirklicht sich in der Genfer Konvention an erster Stelle durch den Schutz der für die Verwundetenpflege hergerichteten Sanitätsanstalten.[2])

1. Warum beschränkt der Art. 1 den Schutz aber auf die militärischen Sanitätsanstalten?

a) Schon bei der Beratung der Genfer Konvention und später wiederholt wurde die Streichung von „militaires" resp. die Hinzufügung „et civiles" angeregt.[3])

Wenn nach Art. 5 sogar Privathäuser geschützt werden, wenn dieselben einen Verwundeten bergen, so wird man in der Tat Zivilhospitälern, in welchen verwundete Soldaten verpflegt werden, diesen Schutz nicht vorenthalten können.

Das wurde auch als richtig anerkannt, aber gerade deshalb eine Änderung nicht für nötig erachtet.[4])

Hier greift übrigens jetzt auch Art. 27 Abs. 1 des Landkriegsabkommens Platz.

Nach der deutschen Felddienstordnung sollen Krankenstuben und Ortslazarette „in Anlehnung an die vorhandenen Krankenhäuser und verwandte Anstalten" eingerichtet und beim Vormarsch das Sanitätspersonal tunlichst durch die Etappenbehörde abgelöst werden.[5])

Die Konvention begreift die Sanitätsanstalten unter der Bezeichnung „ambulances et hôpitaux" (Art. 1) und nennt daneben noch die évacuations (Art. 6, 7), unter welch letzteren die Ausräumungen resp. Verbandplätze zu verstehen sind. Sanitätsanstalten sind demnach alle zur Aufnahme und Pflege von verwundeten und kranken Soldaten bestimmten (pour y recevoir des malades et des blessés)[6]) und eigens hergerichteten Anstalten jeglicher Art, gleichgültig, ob sie fest oder beweglich sind.

Die beweglichste Form haben die Sanitäts- und Krankenzüge, sowie

---

[1]) Ähnlich baut sich übrigens auch noch die Haager Rotekreuzkonvention auf.

[2]) So fasst die deutsche Felddienstordnung Z. 475 die „ambulances et les hôpitaux" zusammen.

[3]) Vgl. Lueder, S. 368 f.

[4]) a. a. O. 117, 121; Triepel, S. 224, Münzel, S. 122, Gillot. p. 251 (und vorher).

[5]) Z. 462. Nach Z. 463 sollen nicht beförderungsfähige Kranke dem nächsten Lazarette oder Ortskrankenhause oder der Ortsbehörde unter Meldung an die nächste Etappenkommandantur überwiesen werden. Vgl auch die Kr.-San.-O. § 28,10.

[6]) Genfer Zusatzartikel 2.

die für die Verwundeten bestimmten Zufuhren,[1]) die ebenso geschützt sein müssen,[2]) wie die mit dem Verwundetentransport beauftragten Personen (Art. 2). Auch die für die Erquickung an Haltestellen getroffenen Veranstaltungen scheiden nicht aus.

Lueder hat die Frage aufgeworfen, ob die convois d'évacuation oder die Räumungstransporte[3]) aus belagerten und blockierten Orten, Plätzen schlechthin geschützt und unangreifbar seien. Da der Belagernde solche Ausräumungen nicht zu dulden braucht, ist freilich die Frage am Platze, ob solche auch geschützt sind, wenn sie wider den Willen des Belagerers erfolgen.[4])

Eine Festung kann sich oft länger halten, wenn man die Kranken und Verwundeten ausräumt. Durch die unbedingte Zulässigkeit der Ausräumung würde also unter Umständen der Belagerer geschädigt.[5])

Die Auffassung wird nun in der Tat wohl richtig sein, dass gemäss Art. 6 nur die nach bisherigem Recht überhaupt statthaften Ausräumungen geschützt sein sollen.[6]) Der Schutz setzt die Erlaubtheit voraus; man dachte aber nicht daran, das Unerlaubte durch Schutzgewährung unauffällig zum Erlaubten umzuprägen.[7])

Im übrigen freilich sind die Ausräumungstransporte[8]) wie die Sanitätszüge zu behandeln, also unverletzlich.[9])

Dem Vorschlag,[10]) zum Schutz gegen Missbrauch hier ein Anhalte- und Durchsuchungsrecht nach Analogie des Haager Rotekreuzabkommens Art. 4 einzurichten, steht nichts entgegen.

Es wurde vielfach auch angeregt, ganze Bade- und Kurorte zu neutralisieren.[11]) Die Ablenkung der Kriegsoperationen von einem solchen Ort kann aber keiner Kriegspartei zugemutet werden; das ginge auch über die Rotekreuzidee hinaus.

---

[1]) Diese führt Lueder in seinem Verbesserungsvorschlag auch eigens auf (Anhang S. XVII.) Über die Sanitätszüge vgl die Kr.-San.-O. § 141 178.

[2]) Münzel S 130.

[3]) So übersetzt Dahn, Bausteine V. 1. S. 100.

[4]) S. 363. Die kriegsrechtliche Frage ist bei der Darstellung des Belagerungsrechts auszulegen. Vgl. meine „Haager Friedenskonferenz" II. S. 169

[5]) Molnar und Münzel S. 131 f. sowie Moynier la revision p. 23 f.

[6]) So neben Lueder auch Moynier (Vgl. Lueder 364 [8]), La revision de la convention de Genève, p. 23 f.

[7]) So auch Molnar, Moynier und Münzel S. 130 ff., Gillot, p. 183 Auch das schweizerische Enoncé IV a enthält bereits den Vorschlag: Déclarer que les convois d'évacuation ne peuvent sortir des places assiégées ou bloquées sans le consentement de l'ennemi.

[8]) Über die im Art. 6 geschützten Ausräumungstransporte vgl. übrigens auch Dahn, Bausteine V. 1. S. 100 f. und Moynier, la revision p. 29. Dahn führt inbesondere aus, dass gerade die Räumungstransporte bei einer fanatisierten Bevölkerung gefährdet erscheinen und deshalb eine ausreichende bewaffnete Bedeckung unentbehrlich sei. Dahn entwickelt aber auch die Bedenken, welche hier entgegenstehen.

[9]) Der Oltener Entwurf und Münzel S. 129 sprechen sich mit Recht auch für die Unverletzlichkeit sämtlicher Transportanstalten aus, die im Dienst der Krankenpflege stehen.

[10]) Gillot p. 273.

[11]) Vgl. Lueder S. 366—368, Münzel S. 134, Gillot p. 254 (und die dort Citierten).

Aber die Geschichte kennt Beispiele der Schonung[1]) und insoweit man heute nicht mehr das ganze Quellengebiet neutralisieren, sondern nur die Quellen selbst und die Kuranstalten — in Anlehnung an Art. 56 des Haager Kriesgesetzbuchs — den militärischen Sanitätsanstalten gleichgestellt sehen will,[2]) kann gegen den Vorschlag der militärische Gesichtspunkt nicht wohl mehr ausgespielt werden.

b. Soll der Lazarettcharakter von den Soldaten berücksichtigt werden, so muss dafür gesorgt sein, dass derselbe schon aus der Ferne klar hervortrete.

Deshalb hat der Art. 7 für alle Lazarette und Verbandplätze ein unterscheidendes Abzeichen vorgesehen: es soll nämlich neben der Nationalflagge die sog. Rotekreuzfahne,[3]) d. h. eine deutlich erkennbare und übereinstimmende Fahne mit rotem Kreuz auf weissem Felde aufgesteckt werden.[4])

Darauf beruht § 37 Z. 4 der deutschen Kriegs-Sanitäts-Ordnung.

Die Aufpflanzung kann nur die Militärbehörde anordnen, die dann auch die Verantwortung dafür trägt, dass die Voraussetzungen der Genfer Konvention gegeben sind.[5])

Die Schutzpflicht ist zwar nicht von der Anbringung des Genfer Neutralitätszeichens abhängig gemacht, vielmehr fusst diese im Lazarettcharakter selbst, von dem man ja auch in anderer Weise unterrichtet sein kann und hinter dem sich übrigens vielleicht auch einmal die Feigheit versteckt. Wenn aber das sog. Neutralitätszeichen auch nicht die conditio sine qua non für die Unverletzlichkeit ist,[6]) so erleichtert es doch die Durchführung der Genfer Konvention und erschwert die Einrede, man habe von dem Lazarettcharakter keine Kenntnis gehabt.

Wenn es dunkel ist, sind die Genfer Schutzzeichen ohne besondere Vorkehrungen schwer erkenntlich und deshalb gehen bereits eigene Vorschläge auf den Nachtdienst.

Le Fort und Bonfils z. B. haben angeregt, die Fahnen nachts durch weisse Laternen mit rotem Kreuze zu ersetzen.[7])

Die deutsche Felddienstordnung hat diese Idee bereits verwirklicht, indem hiernach die Sanitätsanstalten durch die deutsche Flagge und die

---

[1]) Gillot p. 255.

[2]) a. a. O. p. 256.

[3]) Die Aufhissung der Nationalfahne (neben der Rotekreuzflagge) wurde schon als unnötig und störend erklärt. (Molnar, Münzel S. 146). Guelle sagt: „die eine reizt zum Angriff und die andere verbietet denselben". Sie hat aber einen tiefen Sinn (Gillot p. 295 sq.). — Zugelassene Hilfsgesellschaften können nicht ihre Nationalfahne, sondern nur die Fahne der Kriegspartei aufziehen, bei der sie zugelassen sind. Deshalb hat die deutsche Rotekreuzdeputation bei den Türken im griechisch-türkischen Krieg die türkische Fahne aufgerichtet. (Gillot p. 297.) So hatte auch das internationale Komitee in Genf entschieden. Vgl. Bonfils-Grah, Völkerrecht S. 595[1]; vgl. weiter auch S. 596[1]).

[4]) Art. 7: „Un drapeau distinctif et uniforme sera adopté pour les hôpitaux, les ambulances et les évacuations. Il devra être, en toute circonstance, accompagné du drapeau national". Nachdem dann auch für das Lazarettpersonal ein unterscheidendes Abzeichen in Form einer Armbinde (brassard) geschaffen wurde, heisst es weiter: „Le drapeau et le brassard porteront croix rouge sur fond blanc."

[5]) Entw. Ziegler Art. 8 Z. 4 Gillot p. 298.

[6]) a. a. O. p. 276.

[7]) Vgl. Bonfils-Fauchille-Grah, Völkerrecht S. 596.

Fahne mit dem Genfer Kreuz sowie „bei Nacht ausserdem durch rote Laternen“ kenntlich zu machen sind.[1])

Die Wahl des roten Kreuzes im weissen Feld in der Art des schweizerischen Nationalabzeichens[2]) in nur umgekehrter Farbenstellung war lediglich eine Aufmerksamkeit gegen die Schweiz[3]) und sicherte zudem die weiteste Sichtbarkeit.[4])

Religiöse Vorstellungen waren nicht bestimmend gewesen,[5]) und so hatte auch die Türkei ohne Bedenken zugestimmt.[6])

Als dann aber die Türkei nachträglich im Hinblick auf die religiöse Natur des Kreuzes Schwierigkeiten machte,[7]) wurde die Frage vielfach erörtert.

Helbig, der schon in der Schutzstellung der Feldgeistlichen die Gefahr eines Glaubenskrieges aufsteigen sieht,[8]) rät zu Zugeständnissen an die Heiden und schlägt ein umgekehrtes Ausrufezeichen vor.[9]) Von anderer Seite wurde ein Stern gewünscht.[10])

Nun kann man aber einwenden, dass für die hier in erster Linie in Betracht kommenden Grossmächte ein Anlass zur Änderung nicht gegeben ist.[11])

Es ist weiterhin auch insbesondere durch Japan der Beweis erbracht worden, dass ein nichtchristlicher Staat, der auf der Höhe der Kultur und der militärischen Sanitätsorganisation steht, durch das Kreuz nicht gestört wird, das für die Japaner eben nur das ist, was es sein will, das Zeichen der Unverletzlichkeit oder wie es Triepel ausdrückte, der „Sakrosanktität“[12]) im Krieg.

Andernteils könnte man freilich auch versucht sein, zu sagen: gerade weil es sich bei der Einführung des Genfer Kreuzes um keine religiöse Sache handelte, kann man den nichtchristlichen Völkern entgegenkommen und diesen auf Wunsch Zugeständnisse machen.[13]) Auf der Haager Konferenz wurden die einschlägigen Wünsche der Türkei (Halbmond), von Persien (Sonne) und Siam (Flamme) einfach zu Protokoll genommen.[14])

---

1) Z. 468, 469. Kriegs-Sanitäts-Ordnung § 37, Z. 4.

2) Einige Hilfsgesellschaften nahmen das Malteserkreuz an. (Ziegler, Projet de revision p. 27.)

3) Vgl. oben S. 1 ff. 24 ff.

4) Gillot p. 278 ff.

5) a. a. O. p. 284. v. Martens, La paix et la guerre p. 236 mit Berufung auf Moynier.

6) Vgl. oben S. 4.

7) Vgl. oben S. 17.

8) Vgl. unten S. 49.

9) Die Erneuerung der Genfer Übereinkunft S. 19 ff.

10) Guelle, Guerre continentale p. 122; Précis des lois de la guerre I. p. 165.

11) Gillot p. 285 ff. Moynier, „La conv. de Genève au point de vue religieux“ p. 7.

12) S. 225.

13) So hat Triepel S. 224, gegen welchen sich dann aber Münzel S. 143 wandte, gemeint, es könne den Völkern überlassen werden, wenigstens im einzelnen Fall sich über ein anderes Zeichen zu einigen.

14) Moynier, „La conv. de Genève au point de vue religieux“ p. 8.

Endgültig entschieden ist damit unsere Frage freilich noch nicht; vielmehr besteht aller Anlass, dieselbe auf der nächsten Genfer Konferenz gründlich zu erörtern.[1])

Ich bin mit Moynier und Münzel der Meinung, dass die Einheit des Zeichens nicht zerstört werden sollte und dass wir die Errungenschaften des roten Kreuzes, das nun einmal das Symbol der Humanität geworden ist, nicht wieder in Frage stellen dürfen. Alle unsere zahlreichen Organisationen haben sich um dieses siegreiche Zeichen gebildet und die Probe bestanden. Gerade die grossen Kulturmächte müssten ihre zahlreichen Rotekreuzeinrichtungen wieder umbilden, resp. umzeichnen, und es empfiehlt sich nicht, auf diejenigen besondere Rücksicht zu nehmen, die auf diesem Gebiet noch herzlich wenig Leistungen zu verzeichnen haben. Siegreiche Fahnen stellt man aber auch nicht in die Rumpelkammer, sondern schart sich um dieselben zu neuen Siegen, die uns unter dem umgekehrten Ausrufezeichen (¡) schwerlich beschieden sein werden.

Die Haltung der Türkei und gesinnungsverwandter Völker eröffnet aber auch eine recht betrübende Aussicht.

Die Türkei sicherte dem roten Kreuz allerdings beim Gegner die Unverletzlichkeit zu und hat nur in ihren eigenen Organisationen an Stelle des Kreuzes den Halbmond gesetzt.[2])

Das Kreuz war wohl schon ein Zeichen des Kampfes gegen die Türken gewesen, ist aber längst seiner ursprünglichen, rein friedlichen Funktion zurückgegeben, während der Halbmond seine religiöse Kampfbedeutung beibehalten hat.

Und welch ein Widerspruch! Weil der Muselmann gegen das Kreuz eine unüberwindliche Abneigung besitzt, hat man es aus der türkischen Armee entfernt. **Da besteht wenig Aussicht, dass das Kreuz beim Gegner respektiert werden wird, gegen welches gerade der ganze religiöse Fanatismus mobil gemacht worden ist. Die Schutzkraft des roten Kreuzes ist daher aufs Ernstlichste gefährdet und die Erfahrung hat bereits gezeigt[3]), dass das Kreuz erst recht in den Kampf gezerrt wird.**

Das einzige Mittel, auf der gegnerischen Seite die Anerkennung des roten Kreuzes zu erzwingen, ist, dass der Gegner dieses Kreuz selbst führt und sieht, wie es respektiert wird. Unsere Soldaten werden, wenn es befohlen ist, auch die durch den Halbmond u. s. w. ausgezeichneten Anstalten und Personen respektieren. Aber dass der Gegner des Kreuzes das Kreuz achten wird, ist durch eine einfache Konferenzerklärung nicht verbürgt.

Man kann nur wünschen, dass die nächste Konferenz alle Mühe aufwenden und es durchsetzen wird, dass die ursprüngliche Idee der Genfer

---

[1]) Vgl. zur Reformfrage vor allem Moynier p. 24—26.

[2]) Auch eine deutsche Ambulanz in Konstantinopel hat 1897 den Halbmond führen müssen, was anstandslos geschah. Die Deutschen behielten eben nur die Sache im Auge. Sie wollten in Konsequenz der Rotekreuzidee bloss helfen. Wie sticht aber dieses Verhalten gegen die religiöse Ängstlichkeit der Türken ab!

[3]) v. Martens, La paix et la guerre p. 236 ff.

Konvention wieder ihren unverfälschten, einheitlichen Ausdruck findet, wonach es in der ganzen gesitteten Welt nur ein Zeichen der Unverletzlichkeit im Kriege gibt: **Das rote Kreuz im weissen Felde.**

2. Die Sanitätsanstalten treten uns, abgesehen von den évacuations oder Verbandplätzen, entgegen als hôpitaux und ambulances.

Nach der früheren preussischen Übersetzung sind hôpitaux die „Hauptfeldlazarette" und ambulances die „leichten Feldlazarette".[1]) In Bayern sagte man „Ambulancen und Militärspitäler."[2])

Die Unterscheidung ist wegen der Rechtsfolgen im Art. 4 nicht ohne praktische Bedeutung.

Man sollte daher meinen, dass die Genfer Konvention auch den Unterschied festgelegt hätte. Aber dem ist nicht so.

Hier setzten erst spätere Arbeiten ein, und neuestens fordert das schweizerische Enoncé (III): „Donner une définition précise de l'ambulance".

Die Berliner Militär-Sanitäts-Konferenz von 1867 rechnete im Art. 1 zu den „Ambulancen" die „Verbandplätze und Feldlazarette" und stellte denselben die „Militär- und Zivilhospitäler" gegenüber. Die Würzburger Versammlung spricht im Art. 1 von den hôpitaux als von „stehenden militärischen Hospitälern" und legt augenscheinlich den Gegensatz: stehend (ständig, stabil) und beweglich (temporär) zu Grunde. Diese Unterscheidung begegnet uns weiterhin in der von Lueder vorgeschlagenen Fassung des Art. 4 und wurde auch sonst vertreten.[3])

Die Berliner Militär-Sanitätskonferenz Art. 4 enthält folgende Auslegung:

„Unter Ambulanzen sind die Verbandplätze, die zum Aufheben und Erquicken der Verwundeten getroffenen Anstalten und die Feldlazarette,
unter Hôpitaux die Kriegs-, Rerserve-, Etappen-Garnison- und die mit verwundeten Militärs belegten Zivil-Lazarette zu verstehen."

Die Genfer Zusatzartikel hielten die Sache für wichtig genug, eine authentische Erläuterung zu geben.

Der Zusatzartikel 3 bestimmte:

„Dans les conditions prévues par les articles un et quatre de la Convention, la dénomination d'ambulance s'applique aux hôpitaux de campagne et autres établissements temporaires qui suivent les troupes sur les champs de bataille pour y recevoir des malades et des blessés." [4])

Das ist freilich, wie schon Dahn betonte, eine „lange Definition" für den „unbestimmten Ausdruck ambulance". [5])

---

[1]) Gesetzessammlung für die preuss. Staaten 1865 Nr. 36. Ebenso die Kriegs-Sanitäts-Ordnung Beil. d. Die Terminologie soll auf die Reorganisation Friedrich Wilhelms im J. 1787, welcher auch Lueder gefolgt ist, zurückgehen.

[2]) Weber VI 342 ff.

[3]) Lueder S. 369 f. Gillot p. 252, 599.

[4]) Moynier meinte später (La revision p. 22):
„*Cette phrase répondait bien à la pensée du législateur et parait satisfaisante*", und er empfahl für die Revision einfach die Übernahme des Zusatzartikels. Aufgenommen in der deutschen Kriegs-Sanitäts-Ordnung Beil. d.

[5]) Bausteine V. 1 S. 97.

In der Sache kann man zustimmen und auch Corval stellte schon 1871 die Unterscheidung auf „temporär“ und „ständig“.[1])

Das Feldlazarettwesen ist neuestens vielfach geändert und dabei keineswegs gleichmässig gestaltet worden.

Aber der Unterschied von beweglichen Lazaretten resp. den Verbandplätzen, welche bei den Ortsveränderungen der Truppen neu aufgeschlagen resp. angelegt werden, und den stehenden oder ständigen Hospitälern liegt in der Natur der Sache, und nur auf diesen Unterschied kam und kommt es im Art. 1 und 4 tatsächlich an.[2])

Für das deutsche Lazarettwesen ist heute die Felddienstordnung und die Kriegs-Sanitäts-Ordnung massgebend.

Darnach haben wir zu unterscheiden[3]): Verbandplätze (Truppen- und Hauptverbandplätze), Feldlazarette und stehende Kriegslazarette.

Das ist also die nunmehr massgebende Übersetzung von évacuations, ambulances und hôpitaux, der ich deshalb folgen will.

a) Die **Verbandplätze** sind hiernach:

α) Truppenverbandplätze. Sobald sich übersehen lässt, dass das Gefecht einen grösseren Umfang annimmt, errichtet der Truppenteil durch Aufstellung seines Medizinwagens oder Sanitätskastens[4]) seinen Truppenverbandplatz, auf dem die vorher zu bestimmenden Sanitäts-Offiziere und Mannschaften verbleiben, während die Hilfskrankenträger, welche überhaupt erst beim Beginn des Gefechts als solche verwendet werden,[5]) ohne Gewehr und Gepäck, nachdem sie die rote Binde um den linken Oberarm gelegt haben,[6]) mit den Tragen und dem Verbandzeugtornister der Truppe ins Gefecht folgen. Es können übrigens mehrere Truppenverbandplätze zu einem vereinigt werden.[7]) Vgl. auch Kr.-Sanit.-O. § 29.

β) Hauptverbandplätze werden von der Sanitätskompagnie errichtet, welche berufen ist, in erweitertem Masse die erste Hilfe im Gefechte zu leisten.[8])

---

[1]) Derselbe schlug für den Art. 1 folgende Fassung vor: „Sämtliche zur Aufnahme und Pflege Verwundeter und Kranker bestimmten militärischen Etablissements oder Feldsanitätsanstalten, temporäre sowohl wie ständige, werden für neutral erklärt“. Vgl. a. a. O.

[2]) So auch der Oltener Entwurf und Triepel S. 224, sowie Gillot p. 248 sqq., 253 sqq.

[3]) Je nach Umständen werden für grössere Truppenverbände auch „Sammelplätze“ für die Kranken bestimmt. Vgl. die Felddienstordnung Z. 464, Kr.-Sanit.-O. § 27,3, 41,3.

[4]) Vgl. darüber die Felddienstordnung Z. 458. Übrigens hat jeder Soldat selbst ein Verbandpäckchen, jeder Sanitätsunteroffizier eine Tasche und Labeflasche, jeder Sanitätsoffizier ein Besteck. Vgl. die Felddienstordnung Z. 457, Kr.-Sanit.-O. § 25.

[5]) Felddienstordnung Z. 456, 465.

[6]) Die Hilfskrankenträger haben nicht die Genfer Abzeichen, weil sie nicht zum Sanitätspersonal zählen, das durch die Genfer Konvention geschützt ist. (Z. 474, Kr.-Sanit.-O. § 30) Sie sind Kombattanten, welche nur aushilfsweise dem Rettungswerk obliegen. Die rote Binde tragen sie lediglich zum Ausweis gegenüber den Vorgesetzten, dass sie zum Austreten berechtigt sind. Denn nach Z. 470 dürfen „Mannschaften, die nicht Krankenträger sind, nur auf Befehl eines Offiziers Verwundete fortschaffen.“

[7]) Felddienstordnung Z. 465. Z. 466 lässt sich über Einzelheiten der Anlage des Truppenverbandplatzes und die Beischaffung von Hilfsmitteln aus.

[8]) a. a. O. Z. 467, Kriegs-Sanitäts-Ordnung § 29, 34 ff., 37 ff.

b) Jedes („etablierte") **Feldlazarett** ist in zwei Züge teilbar und kann ohne Erweiterung 200 Mann in Lazarettpflege aufnehmen.[1])

Die Feldlazarette[2]) sind gleichmässig unter die Armeekorps verteilt, indem jedes Korps 12 Feldlazarette hat.[3])

Die Feldlazarette nehmen die von den Verbandplätzen oder unmittelbar vom Schlachtfelde ankommenden Verwundeten in Lazarettpflege.[4])

Um, wenn nötig, auf längere Dauer bestehen zu bleiben, werden sie möglichst in Ortschaften eingerichtet, die nicht im unmittelbaren Gefechtsbereiche liegen, oder an solche angelegt und durch Zelte, Baracken, Betten u. s. w. erweitert.[5])

c) Die **stehenden Kriegslazarette**[6]) gehen zum grössten Teil aus den Feldlazaretten hervor; nämlich dann, wenn die letzteren den vordringenden Truppen nicht folgen, wie das allerdings zunächst ihre Aufgabe ist.

Z. 472 der Felddienstordnung bestimmt:

„Die Etappenbehörden veranlassen die Umwandlung der Feldlazarette in stehende Kriegslazarette durch Ablösung des Personals und Materials. Sie sorgen für Unterbringung und Beförderung der Verwundeten und Kranken in die Heimat".

Das deutsche Militärsanitätsrecht kennt schliesslich noch andere Arten von Lazaretten, die hier kurz erwähnt werden sollen.

Krankenstuben und Kantonnementslazarette (Kr.-San.-O. § 28.)

Etappenlazarette sind die Lazarette an Etappenorten, also für die durchziehenden Truppen oder Krankentransporte, insbesondere an Eisenbahnpunkten.[7])

Reservelazarette sind lediglich im Inland errichtet und zur Aufnahme der vom Kriegsschauplatz heimkehrenden Verwundeten eingerichtet, also bestimmt, die bisherigen Garnisonslazarette zu ergänzen.[8])

Uber Festungslazarette vgl. die Kriegs-Sanitäts-Ordnung § 181, und über Vereinslazarette §§ 218, 219.

II. Inhalt der Schutzbestimmung.

Die Sanitätsanstalten, gleichgültig ob sie zu den évacuations, ambulances oder zu den hôpitaux gehören, sind in der Genfer Konvention als „neutral anerkannt"[9]), und das gibt die deutsche Felddienstordnung getreulich wieder indem es in Z. 475 heisst: „alle Sanitätsanstalten sind neutral".

Diese vordem allgemeine Bezeichnung „neutral",[10]) welche übrigens auch in dem schweizerischen Enoncé von 1898 sowie in dem Oltener und

---

[1]) Felddienstordnung Z. 460.

[2]) Vgl. die deutsche Kriegs-Sanitäts-Ordnung § 55 ff., 107.

[3]) Ausserdem hat jede Reservedivision 3 Reserve-Feldlazarette (§ 55).

[4]) Felddienstordnung Z. 469 Abs. 1.

[5]) a. a. O. Abs. 2. Vgl. auch die Kriegs-Sanitäts-Ordnung §§ 57, 65. Hiernach können die Feldlazarette auch auf dem Schlachtfeld errichtet, sowie insbesondere auch vorübergehend in festen Gebäuden untergebracht werden.

[6]) Vgl. darüber die Kriegs-Sanitäts-Ordnung §§ 104, 105, 106, 108.

[7]) Kriegs-Sanitäts-Ordnung § 104,5. Im übrigen sind diese drei nebeneinandergestellt (§ 124).

[8]) a. a. O. § 183, 124.

[9]) Art. 1 und 6 (Schlussabsatz).

[10]) Vgl. Lueder S. 361[2].

Moynierschen Entwurf beibehalten ist, wurde aber bereits auf der Brüsseler Konferenz 1874 von dem deutschen Bevollmächtigten General Voigts-Rhetz wiederholt als zu weit und unbestimmt bekämpft.[1])

Die Neutralität ist völkerrechtlich längst nur eine Bezeichnung für die Staaten, die an Kriegen anderer Staaten keinerlei Anteil nehmen. In der Genfer Konvention aber dient die Bezeichnung gleichmässig für Sachen und Personen, und bei letzteren handelt es sich gerade um solche, welche im Dienste einer Kriegspartei stehen.

Die Terminologie der Genfer Konvention ist daher von Vertretern des Sanitätsrechts längst als ungenau bezeichnet worden.[2])

Auch bei den Haager Verhandlungen über das Rotekreuzabkommen wurde der Ausdruck „neutres" und „neutralité" oft beanstandet und dann im Text vermieden. Die hauptsächlichen Folgerungen der sachlichen Neutralität wurden im Haag darin erblickt, dass die betreffenden Sachen zu achten sind, d. h. nicht angegriffen, also insbesondere nicht beschossen, zerstört und beschädigt werden dürfen und dass sie weiterhin auch gegen Wegnahme gesichert sind, dass sie überhaupt in ihrer Aufgabe nicht gehemmt werden dürfen, soweit nicht die militärische Notwendigkeit diese Schutzgewährung unmöglich macht.

Der Art. 1 der Genfer Konvention zieht aus der Neutralität gleichfalls die Rechtsfolgerungen dahin, dass die militärischen Lazarette von den Kriegführenden geschützt (protégés) und geachtet (respectés) werden müssen. Will man einen einzigen kurzen Ausdruck, so setze man, wie schon Voigts-Rhetz vorgeschlagen hat, für Neutralität Unverletzlichkeit.

So hat denn jetzt auch das Haager Rotekreuzabkommen das Sanitätspersonal einfach für „unverletzlich" und hier die Kriegsgefangenschaft als unzulässig erklärt, während die sog. Neutralität der Lazarettschiffe dahin zusammengefasst wird, dass dieselben zu achten sind, d. h. nicht angegriffen und nicht weggenommen werden dürfen,[3])

Bei einer Neuredaktion wird man sich am besten an die Haager Terminologie anlehnen.

Aber damit ist die Frage nicht erschöpft.

Was den Lazaretten, welche nach Art. 6 den Verwundeten ohne Unterschied der Nationalität Aufnahme gewähren müssen, besonders im Fall, dass sie von der eigenen Armee getrennt werden, vor allem not tut, ist positive Fürsorge durch den Feind, der allein in der Lage ist, nunmehr das Lazarett mit den erforderlichen Mitteln zu versorgen, es zu unterstützen und zu erhalten.

Diese Pflicht muss durch einen Satz des Völkerrechts festgelegt und gleichzeitig nicht bloss ein schon im Art. 6 begründetes Mitbenutzungsrecht, sondern auch ein Verfügungsrecht des Feindes über alle Arten von Lazaretten anerkannt werden. Gewiss liegt nicht immer und ohne weiteres

---

1) Actes p. 21 f. Lueder S. 254, Münzel S. 72.

2) Lueder 424 f., Moynier 141 f., Bircher 35, 52, Triepel 196, 212 f., Münzel 177, Bonfils-Grah S. 594 (bei den Genannten weitere Literatur).

3) Vgl. meine „Haager Friedenskonferenz" Bd. II. § 77.

schon eine Besetzung (Occupation) im Sinn des Art. 42 des Haager Landkriegsabkommens vor.[1]) Aber das Recht des vordringenden Heeres würde dadurch eine sachgemässe Ergänzung finden, welche die unparteiische Pflege der Kranken beiden Nationalitäten erst sicherstellt und die Schutzgewährung erleichtert.[2])

Weiteres darüber unten § 7.

III. Die Dauer der Schutzstellung ist durch einen doppelten Umstand begrenzt.

1. Die Lazarette geniessen ihre bevorrechtigte Stellung nach Art. 1 nur „**solange** sich Kranke oder Verwundete darin befinden[3]) *(aussi longtemps qu'il s'y trouvera des malades ou des blessés)*.

Und zwar gilt das für beide Arten von Sanitätsanstalten, also nicht bloss für die stehenden Kriegslazarette, sondern auch die beweglichen Feldlazarette.[4])

Dass die Dauer der Ausnahmestellung der Lazarette derart beschränkt wurde, hatte seinen Grund in einer etwas kurzsichtigen Würdigung der Schutzrichtung.

Gewiss hat es keinen Sinn, völlig leerstehende Kriegshospitäler der kriegsrechtlich zulässigen Verfügungsgewalt des Feindes zu entziehen. Aber ein stehendes Kriegslazarett kann gerade im Hinblick auf eine Schlacht geleert worden sein. Wenn dasselbe nun von einer Truppe besetzt worden ist und dann ein Krankentransport erscheint?

Um auch diesen Fall zu treffen schlug Gillot vor:[5])

„tant qu'il y aura des malades pouvant y être soignés".

Weiter verlangt die richtige Schutzidee, dass auch die beweglichen Feldlazarette vor ihrer Belegung durch Verwundete auf dem Marsch und bei der Aufstellung geschützt werden, damit sie nicht umsonst mitgeschleppt werden.[6]) Das fordert weiterhin auch die Rücksicht auf das begleitende Sanitätspersonal, das ja nach Art. 2 geschützt ist, „lorsqu'il fonctionnera et tant qu'il restera des blessés à relever ou à secourir".

Freilich wird sich ergeben, dass auch dieser Zusatz misslich ist.

---

[1]) Doch wurde in den Verhandlungen occupation und envahissement in gewissem Umfang gleichgesetzt. Vgl. meine „Haager Friedenskonferenz" II. S. 225.

[2]) Darauf ging schon ein Vorschlag von Löffler (Lueder S. 378) und der Berliner Militär-Sanitätskonferenz von 1867, welche im Art. 1 folgenden Zusatz wünschte: „Fällt eine solche Ambulanze oder Hospital in die Gewalt des Feindes, so übernimmt dieser die Sorge für dieselbe in derselben Weise wie für die eigenen „Sanitätsanstalten" (Lueder, Anhang S. XI). Ähnlich die Würzburger Konferenz von 1867 Art 1 für die stehenden Hospitäler: „Der Mitgebrauch und die Leitung stehender militärischer Hospitäler bleibt jedoch der occupierenden Armee vorbehalten" (a. a. O.). Ebenso der Luedersche Vorschlag (Anhang S. XVII: Art. 4).

[3]) Felddienstordnung: „so lange Kranke oder Verwundete darin . . . sind".

[4]) So richtig die Oltener Konferenz und Bircher S. 41, 55, sowie Münzel S. 126f. gegen Helbig S. 11.

[5]) p. 259.

[6]) So auch Moynier und der hessische Vorschlag bei Lueder S. 375[44]. Gillot p. 270 meint dagegen, dass die Ambulanzen im Gegensatz zu den Hôpitaux stets unverletzlich seien, auch wenn sie keine Verwundeten haben, und dass darauf die unterschiedsvolle Behandlung des Art. 4 beruhe.

Wird diese Auffassung nicht angenommen, so hindert man, wie das z. B. auch schon für Königgrätz festgestellt wurde,[1]) unter Umständen eine Kriegspartei, unbeschäftigte Feldlazarette auf dass Schlachtfeld zu bringen. Denn diese, noch nicht mit Verwundeten belegt, könnten von dem Gegner weggenommen werden.

Man begreift es, wenn die Pariser Konferenz daher die Streichung des Zusatzes im Art 1 verlangte.[2]) Man muss nur dabei berücksichtigen, dass sich die Ambulanzen und ihr Personal aber auch nicht frei von Heer zu Heer bewegen dürfen. Denn dieselben dürfen kein Deckmantel für Auskundschaftung werden.

Das hier gestellte Problem wurde mittlerweile im Haager Rotekreuzabkommen gelöst.[3])

Streiche man daher immerhin bei einer Revision der Genfer Bestimmungen den Zusatz, stelle aber ein Überwachungsrecht der Kriegsparteien fest, kraft dessen sich auch der Gegner zu schützen in der Lage ist, ohne die Feldlazarette beschiessen zu müssen.

2. Die Schutzstellung der Sanitätsanstalten **erlischt**, wenn die letzteren mit Militär (par une force militaire) besetzt werden.[4])

Die Idee ist entsprechend dem Landkriegsabkommen Art. 27:[5]) Wird eine Sanitätsanstalt zu militärischen Zwecken benutzt, so wird ein Angriff auf dieselbe nicht mehr durch den Sanitätscharakter verboten.[6])

Deshalb sollten dann aber auch in eine Sanitätsanstalt die Kranken und die Gesunden insolange nicht zusammen einquartiert werden, als ein Angriff zu gewärtigen ist.[7])

Ein sog. Wachposten ist indes noch keine militärische Besetzung.[8])

Es fragt sich, ob der Posten nur zur Aufrechterhaltung der Ordnung und zum Schutz des Lazaretts gegen eine fanatische Bevölkerung, Räuber und Diebe erforderlich, oder ob eine versteckte militärische Besetzung erfolgt ist, also eine militärische Angriffs- oder Verteidigungsstellung gewählt werden wollte.

Die militärische Besetzung im Sinne des Art. 1 erfordert eine Truppe, die bestimmt ist, dem vordringenden Feind Widerstand zu leisten.[9])

In diesem Fall — und nur in diesem — geht das Lazarett der Unverletzlichkeit verlustig und darf dann beschossen werden.[10])

---

[1]) Helbig S. 11, Münzel S. 127.

[2]) Lueder S. 374 f.

[3]) Art. 4.

[4]) So auch die Felddienstordnung Z. 475. Diese Frage war schon zu Brüssel 1874 Gegenstand der Erörterung. Vgl. Lueder a. a. O. S. 255.

[5]) Vgl. meine „Haager Friedenskonferenz" II. 167 f.

[6]) Daraus folgt, wie es der Oltener Entwurf und das schweizerische Enoncé V c auch ausdrücklich sagt, dass der Missbrauch der Sanitätsanstalten die Neutralität aufhebt. Vgl. auch Triepel S. 224, Moynier, la revision p. 20, Gillot p. 263. Auch die Schutzstellung der Krankenhäuser u. s. w. im Landkriegsabkommen Art. 27 gilt wie gesagt, nur für den Fall, „dass sie nicht gleichzeitig zu einem militärischen Zwecke Verwendung finden".

[7]) Lueder, Moynier, Molnar, Münzel S. 138.

[8]) A. M. Gillot p. 261: „un simple soldat est une force militaire!"

[9]) Vgl. die guten Ausführungen bei Lueder S. 375 und Münzel S. 188 f.

[10]) So auch Moynier, La revision de la Convention p. 20. Dahn, Bausteine V. 1 S. 98, mit dem Zusatz: „Solche Orte sollten allerdings nicht von Truppen zu Kriegszwecken

Wenn nun aber das Lazarett keine Kriegsunternehmungen decken soll, sondern wirklich nur der Krankenpflege dient und deshalb Schutz findet: Welches ist denn da das Schicksal der Wachposten?

Die militärischen Posten an einem Lazarett gehören nicht zu dem Lazarettpersonal des Art. 2[1]) und können mithin auch nicht deren Schutz geniessen. Der vorgedrungene Feind stellt jetzt vielmehr seine eigenen Wachen auf und die alten Posten werden kriegsgefangen.

Über die Angemessenheit eines solchen Rechts streitet man.

Der Wachposten hat nun freilich nicht mit dem Feind gekämpft, sondern stand im Dienst der Humanität. Auch ist in der Tat zu befürchten, dass er sich zur Rettung vor der Kriegsgefangenschaft zurückzieht und dass so das Lazarett schutzlos wird.[2])

Aber andernteils sind Wachposten nur zeitweise abkommandierte Kombattanten, die ein Heerführer unmöglich gezwungen werden kann, dem Gegner zum Kampf gegen ihn selbst wieder zuzuschicken.[3])

§ 6.
Das Sanitätspersonal.

Nicht bloss die Sanitätsanstalten, sondern der ganze Sanitätsdienst wurde geschützt, indem auch das Sanitätspersonal[4]) an der „Neutralität" teil hat (Art. 2). Dasselbe bleibt sogar nach erfolgter Besetzung dem bisherigen Lazarettdienst erhalten oder darf zum Sanitätsdienst im eigenen Heer zurückkehren (Art. 3).

Der Art. 2 bestimmt:

„Le personnel des hôpitaux et des ambulances, comprenant l'intendance, le service de santé, d'administration, de transport des blessés, ainsi que les aumôniers, participera au bénéfice de la neutralité lorsqu'il fonctionnera, et tant qu'il restera des blessés à relever ou à secourir."

Der Art. 3 lautet:

„Les personnes désignées dans l'article précédant pourront, même après l'occupation par l'ennemi, continuer à remplir leurs fonctions dans l'hôpital ou l'ambulance qu'elles desservent, ou se retirer pour rejoindre le corps auquel elles appartiennent.

Dans ces circonstances, lorsque ces personnes cesseront leurs fonctions, elles seront remises aux avant-postes ennemis par les soins de l'armée occupante."

I. Wer gehört zu dem im Art. 2 und 3 geschützten Personal?

Der Art. 2 sagt: „le personnel des hôpitaux et des ambulances," und erwähnt dabei, um einen an sich möglichen Zweifel auszuschliessen, noch ausdrücklich (comprenant): das Aufsichts-, Krankenpfleger-, Verwaltungs- und Transportpersonal, sowie die Feldprediger.

---

benutzt werden: — aber es geschieht eben doch. Ein Offizier, welcher ein vorzüglich zur Verteidigung der Strasse geeignetes Haus als Lazarett eingerichtet findet, verwertet dasselbe trotz aller Proteste der Ärzte eben gleichwohl für den Verteidigungszweck, und nicht immer ist es möglich, die Verwundeten vorher zu entfernen. Das schlimmste dabei ist, wenn man in solchen Fällen versäumt, die Genfer Flagge einzuziehen".

[1]) A. M. Dahn a. a. O.

[2]) Gillot p. 263.

[3]) Triepel S. 224 und die dort A. 4 Angeführten. A. M. die dort A. 3 Citierten.

[4]) So fasst die Felddienstordnung Z. 474 die im Art. 2 Genannten treffend zusammen.

1. Die Fassung des Artikels deckt nur das wirkliche Lazarettpersonal, d. h. dasjenige Sanitätspersonal, welches in den Lazaretten selbst Verwendung gefunden hat. Damit wären, wie auch Bircher und Ziegler[1]) tadelnd hervorgehoben haben, die sog. Personen der ersten Hilfslinie, d. h. die Ärzte bei den Stäben und bei den Truppen ausgeschlossen.

Die Praxis ist ja freilich vernünftiger Weise über diese Wortauslegung hinausgegangen. Es liegt in der Tat auch nur eine schlechte Fassung vor, die bei einer Revision verbessert werden muss.[2])

Eine Änderung ist aber insbesondere auch im Hinblick auf eine weitere Bestimmung notwendig, die gleichfalls missraten ist.

2. Nach Art. 2 ist nämlich die Schutzstellung zeitlich beschränkt. Sie soll nur solange dauern, als das Lazarettpersonal seinen Verpflichtungen obliegt und solange Verwundete aufzuheben oder zu verpflegen sind (lorsqu'il fonctionnera, et tant qu'il restera des blessés à relever et à secourir).

a) Der erste Teil dieses beschränkenden Zusatzes (solange als das Lazarettpersonal seinen Verpflichtungen obliegt) — so auch die Felddienstordnung Z. 475 Abs. 2 — wird dahin gedeutet, dass das Sanitätspersonal den Schutz nur während seiner Sanitätsverrichtungen geniesst und dasselbe also für die Zeit, wo es nicht gerade im Dienst der Kranken tätig ist, die Schutzbinde ablegen müsste.

Kein Wunder, dass sich auch hier der Widerspruch eingehängt hat.[3]) Man nimmt an, dass nach dem Wortlaut z. B. sogar Militärärzte auf dem Marsch und im Quartier den Schutz der Genfer Konvention nicht geniessen.

Deshalb hat schon Lueder eine veränderte Fassung vorgeschlagen, die auch den letzten Fall deckt: „sowohl während der Ausübung des Berufs als auch sonst auf Märschen, im Quartier u. s. w.“ [4])

Das schweizerische Enoncé fasst umgekehrt, aber aus ähnlichen Erwägungen die ganze Streichung des Zusatzes ins Auge (I):

> Neutraliser le personnel sanitaire en tout état de cause, et non pas seulement „lorsqu'il . . .“

Moynier[5]) stimmte dem zu, indem er wie die vorgenannten Schriftsteller davon ausgeht, dass nach dem Wortlaut das Sanitätspersonal nur für die Zeit des wirklichen Sanitätsdienstes geschützt sei und daher je nach seiner Beschäftigung fortwährend die Schutzbinde an- und ablegen müsste. Freilich sei die Praxis vernünftiger gewesen und der Schutz werde zugebilligt nicht bloss für das aktive Lazarettpersonal sondern

> *„pour tous les agents qui sont chargés, à un titre quelconque de prendre soin des blessés et des malades, en marche ou ailleurs et qui peuvent être appelés à permuter pour l'accomplissement des diverses tâches que ce soin comporte.“*

---

[1]) Bircher S. 27, Ziegler S. 16. Dagegen Münzel 149 ff. und Gillot p. 201 f.

[2]) Triepel S 220: „Wenn auch dieser Ausdruck nicht mit Bircher so eng zu verstehen ist, dass nur das in den Ambulanzen und Spitälern in Tätigkeit befindliche Personal des Schutzes teilhaftig sei, so ist die Fassung doch gewiss missverständlich und verbesserungsbedürftig“.

[3]) Münzel S. 154, Gillot p. 198 ff., 200.

[4]) Art 3; Anhang S. XIII. Ähnliches hatte auch C(orval) vorgeschlagen und war von Dahn gebilligt worden (Bausteine V. 1 S. 99).

[5]) La revision p. 17.

Die Teilung des Sanitätspersonals in Neutralisierte und Nichtneutralisierte sei „subtile“ und es empfehle sich ein einfacheres System. Der Schutz gebühre dem Sanitätspersonal

„en raison de son caractère, à toute heure et en tout lieu, et non plus par intermittence, selon la besogne qui lui incombe à un moment déterminé.“

In der Tat wird man den Zusatz *lorsqu'il* am besten unterdrücken.

b. Gewiss hat die Konvention mit dem Zusatz

„lorsqu'il fonctionnera“

eine starke und unsinnige Belastung erfahren.[1]) Aber ebenso sicher hat man später die Klausel missverstanden:

„tant quil restera des blessés à relever ou à secourir“.

Es heisst nicht: Insoweit Verwundete aufgehoben oder verpflegt werden, sondern: insoweit Verwundete noch aufzuheben oder zu verpflegen sind.[2])

Mit dieser Bedingung, die alternativ gesetzt ist, hat man aber während des ganzen Feldzugs zu rechnen.

Aus diesem Grund halte ich denn aber auch den ganzen Zusatz für vollkommen überflüssig, und ich befürworte mit den Schweizern die Streichung umsomehr, als sich hier die Auslegung bereits verfahren hat oder doch Wort- und Sacherklärung im Kampf liegen.

Es ist selbstverständlich und muss durch eine entsprechende Fassung deutlich zum Ausdruck kommen, dass das Sanitätspersonal als solches geschützt ist, gleichgültig ob es für den Lazarett- oder äusseren Sanitätsdienst bestimmt ist, ob es mitten im Sanitätsdienst ist oder sich ausruht, resp. noch in der Erwartung kommender Dinge ist.[3]) Wer einmal, weil für den Sanitätsdienst bestimmt, das Recht erhielt, die Abzeichen der Genfer Konvention anzulegen, trägt sie zu seinem Schutz von seinem Eintritt auf den Kriegsschauplatz bis zum Verlassen desselben ohne jegliche Unterbrechung, solange er keiner anderen Dienstsparte zugewiesen wird.

3. Der Art. 2 hat den gefährlichen Weg der inklusiven Spezialisierung beschritten.

Geschützt ist nach Art. 2 das Lazarettpersonal:

„comprenant l'intendance, le service de santé, d'administration, de transport des blessés, ainsi que les aumôniers.“

Über die namentliche Abgrenzung wurde viel gestritten. Lueder schlug vor, diesem Streit besser aus dem Weg zu gehen, indem man einfach von dem gesamten für die Pflege und den Transport der Verwundeten und Kranken angestellten Personal spreche und nur noch etwa die Feldgeistlichen und die persönlichen Diener der Ärzte und Lazarettbeamten eigens nenne, da die letzteren sonst gefangen genommen werden könnten.

Die Haager Konferenz beschränkte sich einfach darauf, in dem Rote-

---

[1]) Der Militärarzt, der in der Kolonne mitreitet, ist wohl im Dienst, aber nicht in Funktion, der Militärarzt aber, welcher im Quartier schläft, ist nicht einmal im Dienst Aber in beiden Fällen bedarf es nur eines Rufes, und er ist mitten in der Funktion.

[2]) Ebenso die Felddienstordnung Z. 475 Abs. 2: solange Kranke oder Verwundete zu verpflegen sind.“

[3]) Triepel S. 220f. u. die dort Citierten.

kreuzabkommen für den Seekrieg die Unverletzlichkeit des „geistlichen, ärztlichen und Lazarettpersonals" auszusprechen.

Freilich ist die Abgrenzung des Sanitätspersonals auf Lazarettschiffen auch leichter.

In der neuesten Zeit hat man ganz entgegengesetzte Wege eingeschlagen.

Die einen betonten die mögliche Unvollständigkeit der Aufzählung und meinten, es genüge, wenn man einfach die Nichtkombattanten als unverletzlich bezeichne.[1])

Aber Gillot hat Recht: Dieser Begriff ist bereits vergriffen, und zu den Nichtkombattanten gehören auch viele, welche zum Sanitätsdienst in gar keiner Beziehung stehen.[2])

Die anderen suchten umgekehrt die Aufzählung des Art. 2 zu vervollständigen, so insbesondere nach dem Beispiel des französischen Reglements von 1893 Art. 7: Ziegler,[3]) der Oltener Entwurf,[4]) und Moynier,[5]) denen sich dann auch Gillot anschloss.[6]) Dieser versteht unter dem im Art. 2 genannten Sanitätspersonal alle, deren Aufgabe oder Amt die Pflege der Verwundeten ist[7]) und zählt in dieser Beziehung auf: Die Ärzte (einschliesslich der Diener),[8]) Chirurgen, Apotheker und ihre Gehilfen; die Krankenwärter, Lazarettgehilfen und Krankenträger, wenn sie eine eigene Abteilung bilden.[9])

Diesen reiht er dann nach dem Beispiel von Gautier noch an: Das Intendanturpersonal, insoweit es die Verproviantierung der Feldlazarette besorgt, das Verwaltungspersonal in den Lazaretten, die Trainsoldaten im Sanitätsdienst und das Begleitpersonal der Ausräumungstransporte.

Der Grundgedanke der Genfer Konvention ist der, dass alle diejenigen, welche für den Sanitätsdienst dauernd bestellt oder angenommen sind, geschützt werden und zu diesem Zweck dauernd eine Armbinde tragen, deren Verabfolgung der Militärbehörde überlassen bleibt.[10])

Erwarte man also die weitere Bestimmtheit bezüglich des Umfangs des Sanitätspersonals nur ruhig von dieser Anordnung der Militärbehörde.

Da aber mit dem Genfer Kreuz erfahrungsgemäss Missbrauch getrieben wird, möge man bei der Revision verlangen, dass das amtliche

---

[1]) Vgl. Bosco Pietro bei Gillot p. 202.

[2]) a. a. O.

[3]) Projet Art. 1 lit. b: „tout le personnel attaché au service sanitaire y compris celui de l'administration et du service du train des établissements sanitaires, le personnel d'exploitation des trains sanitaires et des bateaux servant au transport des malades sur les lacs, les fleuves et les canaux, ainsi que les aumôniers."

[4]) Vgl. darüber Triepel S 220, welcher der neuen Fassung Lob spendet.

[5]) Projet Art. 6: „Le personnel visé par l'article 5 ci-dessus comprend: les médecins et leurs aides, le personnel administratif des établissements sanitaires, celui du service des transports sanitaires et celui de l'assistance religieuse ainsi que les membres ou agents des associations civiles de secours placés dans la dépendance de l'autorité militaire."

[6]) p. 204 sqq. und Entwurf Art. 10 lit. a.

[7]) a. a. O. p. 200.

[8]) a a. O. p. 207. Triepel, S. 220.

[9]) a. a O. p 206 sq.

[10]) Art. 7. Vgl. auch die Kriegs-Sanitäts-Ordnung § 16 Z 11.

Sanitätspersonal wie die freiwilligen Helfer amtlich gestempelte Armbinden tragen müssen und dass die freiwilligen Sanitätsgehilfen ihr Recht zum Tragen derselben durch Vollmacht nachzuweisen haben.[1]) Dadurch wäre dafür gesorgt, dass nur das für den Sanitätsdienst dauernd bestellte Personal, dieses aber auch vollständig, das Vorrecht der Genfer Konvention geniesst.[2])

Es sei gleich hier bemerkt, dass die deutsche Kriegssanitätsordnung diese Forderung, welche schon auf der Brüsseler Konferenz von der Unterkommission gestellt worden war,[3]) bereits verwirklicht hat.

4. Damit komme ich auf die Frage der freiwilligen Krankenpflege im Krieg.

a) Die Genfer Konvention enthält merkwürdigerweise kein Wort über die Rotekreuz- oder Hilfsgesellschaften.

Die Verwendung freiwilliger Helfer auf dem Kriegsschauplatz war anfangs geradezu abgelehnt worden,[4]) was umsomehr auffallen kann, als ja gerade die Idee der Rotekreuzgesellschaften den ersten Anstoss zur Genfer Konvention gegeben hat.[5])

Nachdem dann aber allerorts Rotekreuzgesellschaften ins Leben getreten sind, ist die Teilnahme der freiwilligen Helfer im Kriegssanitätsdienst in ein anderes Stadium getreten, und es geht nicht mehr an, hier mit Berufung auf Art. 5 nur auf die Hilfeleistung der Einwohner zu verweisen. Konnte man anfangs gegen eine allgemeine völkerrechtliche Schutzstellung der Rotekreuzgesellschaften einwenden, dieselben seien nicht bekannt genug, so liegt heute die Sache anders.[6])

In Unterstützung des schweizerischen Enoncé Nr. X[7]) tritt daher Moynier[8]) dafür ein, dass, in Schonung des staatsrechtlichen Gedankens, wenigstens die unter staatlicher Leitung stehenden oder doch mit ausdrücklicher staatlicher Ermächtigung bestehenden Rotekreuzgesellschaften in der Genfer Konvention Platz finden sollen.

Übrigens bedeute das nichts anders

„que de régulariser juridiquement un état de choses qui subsiste déjà en fait, grâce à la manière, très correcte d'ailleurs, dont la Convention est généralement interprétée “

In der Tat können die Rotekreuzgesellschaften, trotz des Schweigens

[1]) Das hatte schon Corval vorgeschlagen und Dahn übernommen Vgl. Bausteine V. 1 S 102. So auch die Entwürfe von Ziegler Art. 8 und Moynier Art. 7. Eine ähnliche Bestimmung enthält bereits das französische Kriegsgefangenenreglement von 1893 Art. 4. Vgl. dazu Triepel S. 294.

[2]) Über diese und andere Sicherungsversuche vgl. Gillot p. 290 sqq.

[3]) Münzel, S. 144 f.

[4]) So insbesondere noch von den Preussen und Franzosen auf dem Genfer vorbereitenden Kongress im Oktober 1863. Vgl. Münzel S 30. Über die vergeblichen Versuche, die 1864 und später gemacht wurden, sie ins Abkommen einzustellen, vgl. Lueder S. 357.

[5]) So auch Moynier (La revision p. 33): „Il parait étrange d'ailleurs que, la Convention de Genève étant due historiquement aux fondations de la Croix-Rouge, leur propre institution n'en bénéficie pas.“

[6]) Moynier a. a. O.

[7]) „Neutraliser, sons certaines conditions a déterminer, le personnel et matériel des associations civiles vouées au soin des militaires blessés.

[8]) p. 33 f.

der Konvention, auch heute schon nicht bloss tatsächlich, sondern, wenn sie in einem Heer Aufnahme gefunden haben, auch rechtlich eine Tätigkeit auf dem Schlachtfelde entfalten, und die ausdrückliche Einstellung der Rotekreuzgesellschaften in die Genfer Konvention erscheint insoweit nur als ein Akt der Dankbarkeit und von rein formeller Natur zu sein.

Denn der Schwerpunkt liegt im Staatsrecht (Militärrecht). Und da war bis jetzt kein Staat behindert, die Rotekreuzgesellschaften bei seiner Kriegsführung zuzulassen und militärisch einzugliedern; durch diese militärrechtliche Eingliederung wurden sie dann der Unverletzlichkeit teilhaftig.

Auch der schweizerische Standpunkt deckt sich mit der Auffassung von Lueder [1]), dass die freiwillige Krankenpflege zugelassen sei und der Vorrechte des Lazarettpersonals teilhaftig werde, wenn sie organisiert und in festen Anschluss an den militärischen Sanitätsdienst gebracht sei, dass aber der weitere Ausbau besser innerstaatlich erfolge.

Also die militärische Eingliederung erhob uud erhebt die freiwilligen Helfer zum Sanitätspersonal im Sinn des Art. 2.

Gillot [2]) hat Recht: L'organisation du service de secours et d'assistance est une oeuvre nationale". Der Sanitätsdienst im Heere muss ja auch unter militärischer Leitung resp. Aufsicht stehen, nicht nur im militärischen sondern auch im humanitären Interesse. Denn das freie Helfertum ist weniger leistungsfähig und wird leicht missbräuchlich zu Mord und Raub benutzt.

Daneben kann man freilich auch noch die völkerrechtliche Frage aufwerfen.

Es geht schon längst eine Bewegung dahin, dass die Rotekreuzgesellschaften wegen ihrer vorzüglichen Organisation und Ausbildung einfach von Völkerrechts wegen und ohne militärische Eingliederung zuzulassen sind.[3])

Bei der Stellung der neutralen Lazarettschiffe im Seekrieg ergaben sich dieselben Schwierigkeiten. Man ging aber im Art. 3, 4 des Haager Rotekreuzabkommens einen Mittelweg. Die neutralen Lazarettschiffe wurden hiernach weder der Marine einer Kriegspartei eingegliedert, noch sind sie völlig frei, sondern sie stehen nur unter der Aufsicht beider Parteien.[4])

Aber es ist die Frage, ob man hier den Land- und den Seekrieg gleich behandeln kann.

Für den Landkrieg mussten doch auch selbst die Verfechter der freien Hilfstätigkeit wieder Forderungen der Genehmigung und militärischen Unterordnung aufstellen, welche sich von der Forderung der Eingliederung kaum unterscheiden.[5])

---

[1]) S. 358 ff.

[2]) p. 188. Gillot schlägt in seinem Entwurf Art. 10 lit. b folgende Fassung vor: „Les personnels et agents des sociétés de secours volontaires, reconnues et soumises à l'autorité militaire".

[3]) Vgl. darüber Pariser Praeliminar- und Hauptkonferenz 1867 Art. 4, Lueder 355 ff., Moynier, S 154 f., Triepel S. 205 Art. 5, Münzel, S. 166, Gillot, p. 209. Vgl. auch die Brüsseler Entwürfe, den Oltener und den Zieglerschen Entwurf. Art. 1e 8,2. Bircher 41, 54.

[4]) Vgl. meine „Haager Friedenskonferenz" II. § 79.

[5]) Vgl. z. B. Münzel, S. 167, Gillot, p. 211, Moyniers Entwurf Art. 6.

Der Seekrieg steht in sanitätsrechtlicher Beziehung mehr unter dem Zeichen der Freizügigkeit und Selbständigkeit; aber im Landkrieg muss man bei einem Heere Posten fassen, und da ergibt sich eben sofort die Notwendigkeit einer festen Verbindung zwischen dem amtlichen und dem freiwilligen Sanitätswesen, welch letzteres sich in den militärischen Rahmen einfügen lassen muss.

So vertrete ich also noch den Satz: Den Hilfsgesellschaften als solchen kommen nicht schon ohne weiteres die Vorzüge der Genfer Konvention zu.[1])

Vorgänge, wie die Wegnahme des Sanitätsdampfers Hertzog, würden schon vermieden werden, wenn man nur aus den Art. 2 und 3 des Haager Rotekreuzabkommens das Nötige übernähme.[2])

Hier ist ein amtlicher Auftrag der heimatlichen Behörde die Voraussetzung für den besonderen Schutz.

Fordere man daher bei der Revision der Genfer Konvention eine Ermächtigung des neutralen Staates und die amtliche Anzeige bei den Kriegführenden. Das muss dann die Überfahrt einer neutralen Hilfsgesellschaft sicher stellen. Im übrigen entscheidet freilich über die Zulassung auf dem Kriegsschauplatz immer noch der betreffende Staat selbst.

Die amtliche Ermächtigung oder auch Auftragserteilung, welche der neutrale Staat ausspricht, wäre hier ebensowenig eine Neutralitätsverletzung,[3]) als eine solche im Haager Rotekreuzabkommen angenommen wurde.[4])

Die amtliche Bescheinigung würde die Zusicherung geben, dass keine Kontrebande verladen ist. Sie ist kein einseitiger Unterstützungsauftrag, sondern übernimmt nur eine Garantie gegen Missbrauch, die beiden Teilen zugute kommt, insoferne ja die Aufnahme und Pflege auch dem verwundeten Feind zuteil wird.[5])

Im übrigen ist aber noch militärische Eingliederung der Hilfsgesellschaften erforderlich, um ihnen eine Wirkung auf dem Kriegsschauplatz zu ermöglichen, und es besteht kein Zweifel, dass in der Tat diese Anoder Eingliederung alle Schwierigkeiten am besten beseitigt.

Die Sache liegt auf dem Sanitätsgebiet für die Hilfsgesellschaften nicht wie auf dem Gebiet der Kriegsführung für den Landsturm und die Freikorps. Nachdem das Völkerrecht für die letzteren auf die An- und

---

[1]) Unter diesem Gesichtspunkt ist auch das Vorgehen der Engländer gegen den Dampfer Hertzog im Transvaalkrieg 1900 zu beurteilen. Der Dampfer Hertzog führte eine in Belgien ausgerüstete Expedition von Freiwilligen des roten Kreuzes, besass aber keinerlei amtliche Begleitschreiben und hatte überhaupt für seine Legitimation absolut nichts getan. Er wurde daher wegen Kontrebandeverdacht von den Engländern angehalten, aber auf die Vorstellungen Deutschlands wieder freigegeben. Vgl. Gillot, La revision de la Convention de Genève p. 121.

[2]) Vgl. auch die deutsche Militär-Sanitätsordnung § 160 „Lazarettzüge der freiwilligen Krankenpflege".

[3]) So auch Gillot p. 211, 399.

[4]) Vgl. meine „Haager Friedenskonferenz" II. § 78.

[5]) Über die Streitfrage, ob auch die Militärärzte neutraler Staaten ihre Dienste anbieten dürfen, vgl. a. a. O. p. 213 sq. sowie die dort Citierten (Revue de droit international XVIII. u. XIX.).

Eingliederung verzichtet hat,[1]) drängt ja vielleicht das Streben nach Folgerichtigkeit bald zu der Forderung, dass auch die Rotekreuzgesellschaften ohne Verbindung mit einem Heer ihrer Humanitätsaufgabe nachgehen dürfen. Aber es ist immerhin ein Unterschied, ob Freikorps selbständig die Sache des Staates in die Hand nehmen, oder ob Hilfsgesellschaften den Streitkräften des Staates Sanitätsdienste leisten. Da ist die Frage des Zusammenwirkens und mithin auch der Unterordnung doch von einer ganz anderen Bedeutung.

Im übrigen ist es natürlich immer Sache des Staates, ob er eine freie Hilfeleistung trotz völkerrechtlicher Erlaubtheit bei sich selbst gestattet oder zurückweist.

Es kann hiernach ein Staat sehr wohl in die Lage kommen, Hilfsgesellschaften beim Gegner respektieren zu müssen, die er bei sich selbst wegen mangelnder Garantie zurückgewiesen hat.[2])

Bei einer Revision wird man also auch in unserer Frage die staats- und die völkerrechtliche Seite scharf auseinander halten müssen.

b. Nach deutschem Militärrecht besteht in der Landsturm- und Rotekreuzfrage vollkommene Übereinstimmung. Hier wie dort ist militärische Eingliederung erforderlich.

Die deutsche Felddienstordnung trifft in Ziff. 473 folgende Bestimmung über „freiwillige Krankenpflege“:

„Spätestens mit der Mobilmachung wird die freiwillige Krankenpflege den staatlichen Einrichtungen eingefügt und in erster Linie in Anspruch genommen für den Sanitätsdienst im Etappenbereich und in den Reservelazaretten der Heimat, für Überführung der Kranken und Verwundeten nach der Heimat, Aufnahme von Genesenden in Privatpflege, Sammlung und Zuführung von Liebesgaben u. s w.

Mitwirkung der freiwilligen Krankenpflege im Bereiche der Truppen **kann besonders verfügt werden.**“

Weitere Bestimmungen enthält die deutsche Kriegs-Sanitätsordnung[3]) besonders in den im Jahre 1903/04 neuredigierten §§ 205—224 über „Freiwillige Krankenpflege“.[4])

Hiernach ist die Unterstützung des Kriegssanitätsdienstes beschränkt auf die deutschen Landesvereine vom roten Kreuz und die mit ihnen verbündeten Vereine, sowie die Ritterorden im Dienste der Krankenpflege (§ 205 Z. 3).

Die ausnahmsweise Zulassung anderer Gesellschaften — nur Gesellschaften also kommen in Frage — hängt in jedem einzelnen Falle von

---

[1]) Vgl. darüber meine „Haager Friedenskonferenz“ II. S. 97 ff.

[2]) Bei der Beratung des Art. 3 des Haager Rotekreuzabkommen erfolgte auf Grund einer Anfrage des japanischen Vertreters bereits eine Feststellung im Sinne des Textes. Vgl. meine „Haager Friedenskonferenz“ Bd. II. § 79.

[3]) Die preussische Kriegssanitätsordnung ist das Werk von v. Coler. Vgl. Schjerning „Die Organisation des Sanitätsdienstes im Krieg“, „Ärztliche Kriegswissenschaft 1902“ S 248. Die preussische Kriegs-Sanitätsordnung vom 10. Januar 1878 wurde für Bayern durch AE. vom 10 Februar 1879 genehmigt und durch Kriegs-ME. vom 26. Juni 1879 verkündet.

[4]) Der revidierte VI. Teil der preussischen Kriegs-Sanitätsordnung wurde für Bayern durch AE. vom 26. März 1904 genehmigt und durch Kriegs-ME. vom 6. April 1904 verkündet. Der revidierte Teil VI der Kriegs-Sanitätsordnung gilt in Bayern mit den in besonderer Schrift kenntlich gemachten Zusätzen (Kriegs-ME. vom 4. April 1904).

der Genehmigung des zuständigen Kriegsministeriums ab, welche durch den kaiserlichen Kommissar und Militär-Inspekteur der freiwilligen Krankenpflege nachzusuchen ist.[1]) Im Falle der Genehmigung wird die Gesellschaft einem Landesverein vom Roten Kreuz zugeteilt, sofern nicht ein Ritterorden ihren Schutz übernimmt.

Unter den genannten Bedingungen dürfen auch fremdländische Gesellschaften, aber diese nur im Inland zugelassen werden (Ziff. 5).

Die freiwillige Krankenpflege darf aber keinen selbständigen Faktor neben der staatlichen bilden, und es kann ihr eine Mitwirkung nur insoweit eingeräumt werden, als sie dem staatlichen Organismus eingefügt und von den Staatsbehörden geleitet werden kann; andernteils würde sie nicht fördernd, sondern hemmend auf den Betrieb des Krankendienstes einwirken.

Sie hat daher den Anordnungen der Militärbehörde und ihrer einzelnen zuständigen Organe unbedingt Folge zu leisten (Z. 6).

Das Personal der freiwilligen Krankenpflege hat den Bedingungen des § 212 zu entsprechen und unterliegt auf dem Kriegsschauplatz der Militärstrafgerichtsbarkeit und den Strafvorschriften des MStGB., insbesondere den Kriegsgesetzen und der Disziplinarstrafordnung für das Heer (§ $212_{,12}$).[2])

Der § 206 behandelt sodann „Aufgaben und Wirkungskreis" der freiwilligen Krankenpflege. An der Spitze der gesamten freiwilligen Krankenpflege steht ein kaiserlicher Kommissar und Militär-Inspekteur (§ 207), dessen Geschäftskreis im § 208 bestimmt ist.

In Bayern obliegt die Leitung dem bayerischen Landeskomitee für freiwillige Krankenpflege im Krieg, das aus einem vom Landesherrn ernannten Präsidenten und 10 ordentlichen Mitgliedern als Vertretern der beiden Rotekreuzgesellschaften sowie der Ritterorden besteht.

Die Oberleitung bedient sich in ihrem Geschäftskreis der Delegierten (§ 209), welchen Hilfsbeamte beigegeben werden können und welche die ihnen ausgestellte Vollmacht bei sich führen müssen (§ $208_{,9}$).[3])

Der § 217 behandelt die „Übernahme von Wirtschaftszweigen in den Reservelazaretten", die §§ 218, 219 die „Vereinslazarette".

5. Die Feldgeistlichen (aumôniers)[4]) sind in der Konvention unter dem geschützten Personal namentlich erwähnt.

Demnach spricht auch die deutsche Felddienstordnung Z. 475 vom „Personal (einschliesslich der Geistlichen)".

---

[1]) Z. 4. Das Gesuch ist für Bayern an den Vorsitzenden des Bayerischen Landes-Komitees zu richten, der Antrag beim Bayerischen Kriegsministerium stellt.

[2]) Über die Einteilung des Personals handelt § 215, über die Verwendung §§ 214, 215.

[3]) Über die Aufgaben der Delegierten im Frieden handelt § 210, über ihre Aufgaben im Krieg § 211.

[4]) Das Wort Aumônier weist auf eine christliche Einrichtung. Man wollte aber, wie es denn auch die Pariser Konferenz 1867 Art. 2 vorschlug, jede „assistance religieuse" schützen. Das Haager Rotekreuzabkommen Art. 7 hat daher besser „personnel religieux". Eine Beschränkung ergibt sich aber dadurch, dass der Schutz der Genfer Konvention nur dem amtlich zugelassenen Religionspersonal zu teil wird und darüber entscheidet die innere Heeresverfassung jedes Staates.

Helbig[1]) möchte das beseitigt sehen: Die Heilung und Krankenpflege habe nichts mit der Religion zu tun.

Aber der tröstende und stärkende Einfluss der Religion auf religiöse Menschen, insbesondere angesichts des Todes, wird hier arg verkannt.[2]) Ich meine auch: Wenn man Menschen in den Tod schickt, muss man sie wenigstens sterben lassen wie es das Verhältnis zu ihrem Gott verlangt.

Wenn Helbig aber sogar Angst hat, der Feldzug nehme durch das Hereinziehen des Geistlichen leicht den Charakter eines Glaubenskrieges an, und die Verquickung der Konvention mit der Kirche könne für die erstere nur verhängnisvoll werden, so erinnert das doch stark an Gespensterfurcht.

Braucht man aber die Geistlichen auf dem Kriegsschauplatz, um den religiösen Bedürfnissen der Soldaten zu dienen und insbesondere die Kranken und Verwundeten zu trösten und zum Tode vorzubereiten,[3]) so müssen sie auch wie das übrige Personal, das im Dienst der Kranken steht, Unverletzlichkeit geniessen.

II. Welches ist die Rechtstellung des im Art. 2 erwähnten Sanitätspersonals?

1. Der Art. 2 sagt: es nimmt an der Wohltat der Neutralität teil.[4]) Das bedeutet nach Art. 1 einen Anspruch auf protéger und respecter, oder nach den Ausführungen im vorigen Paragaphen, und wie es jetzt auch der Art. 7 des Haager Rotekreuzabkommens richtiger ausdrückt: Das Sanitätspersonal ist unverletzlich.[5]) Es wird auch zum Unterschied von den Kranken und Verwundeten selbst nicht kriegsgefangen[6]) und darf sein Privateigentum beim Rückzug aus dem vom Feind besetzten Gebiet, worüber der Art 3 handelt, unbehelligt mitnehmen.

Mit dem völkerrechtlichen Anspruch auf Schutz ist aber nicht gesagt, dass das Sanitätspersonal nicht in die Notwendigkeit kommen kann, sich selbst zu schützen und damit erscheint das Waffentragen gerechtfertigt.[7])

[1]) Die Erneuerung der Genfer Übereinkunft S. 13. Vgl. aber hiergegen Münzel S. 152ff.

[2]) Gillot p. 215.

[3]) Dass freilich auch die Soldaten Gewissensfreiheit geniessen und ihnen die geistliche Tröstung nicht aufgenötigt werden kann, versteht sich von selbst und braucht nicht erst gesagt zu werden.

[4]) Vgl. auch Art. 6 Abs. 5 „geniessen unbedingte Neutralität". Demgemäss heisst es in der Felddienstordnung Z. 475: „das Personal . . . ist neutral".

[5]) So auch der Luedersche Vorschlag (Art. 3: vgl. Anhang XIII). Gillot p. 191. 399. Hiernach ist das Sanitätspersonal gegen alle absichtlichen Angriffe auf Leben, Freiheit und Eigentum wie auch gegen jede Hemmung der Berufstätigkeit geschützt. Wird das Lazarettpersonal angegriffen, so befindet es sich freilich in der Notwehr und kann dann von der Waffe Gebrauch machen, während umgekehrt jede Teilnahme am Kampf der Vorrechte verlustig gehen lässt (Lueder S. 346, 354 und Anhang S. XV vorletzter Absatz). Die Pariser Konferenz sagt in Art. 3: „Si le personnel sanitaire et administratif manquait aux devoirs que sa neutralité lui impose, il serait soumis aux lois de la guerre". Ähnlich die Würzburger Konferenz (Schlussabsatz im Art. 3), die Luederschen Vorschläge Schlussabsatz zu Art. 3, das schweizerische Enoncé Z. Vb und Moynier, la revision p. 20f.

[6]) Triepel S. 222. Auch das hebt der Art. 7 des Haager Rotekreuzabkommens jetzt eigens hervor.

[7]) Vgl. darüber Lueder 346, Dahn, Bausteine V. 1 S. 99, Gillot p. 235ff. und Triepel S. 221. Über frühere Entwürfe vgl. hier Anm. 4.

Der Moyniersche Entwurf Art 5 erklärt die „*individus attachés au service de santé militaire*“ für „*neutres et inviolables partout où ils se trouvent*“, fügt dann aber hinzu: „*Toutefois il ne leur sera pas permis de pénétrer dans les lignes ennemies, ni de sortir de places assiégées ou bloquées, sans une autorisation spéciale*“.[1])

Zur leichteren Durchführung der völkerrechtlichen Schutzbestimmungen ist für das Sanitätspersonal wie für die Sanitätsanstalten ein Abzeichen vorgesehen worden, nämlich eine Armbinde mit rotem Kreuz auf weissem Grunde, deren Verabreichung zur Steuer des Missbrauchs der Militärbehörde überlassen bleibt (Art. 7 Abs. 2).

Dieser Zusatz hat seine ganz besondere Bedeutung für die freiwillige Krankenpflege.[2]) Vgl. darüber die revidierte deutsche Kriegs-Sanitäts-Ordnung §§ 208_9, 209_9, 212_9 und die Beilage betr. die Felduniform, Bekleidung und Ausrüstung.

Für die Ritter ist hiernach eine eigene Uniform, für die Delegierten und das männliche Personal eine besondere Bekleidung und Ausrüstung mit Rangabzeichen vorgesehen.

Alle Mitglieder der freiwilligen Krankenpflege tragen der Genfer Konvention entsprechend ein (gestempeltes) Neutralitätszeichen (weisse Armbinde mit dem roten Kreuz), und müssen die zum Tragen desselben berechtigende Ausweiskarte bei sich führen (§ 208_9).[3])

Neuestens streitet man darüber, ob die Armbinde genügend sichtbar ist und man hat schon vorgeschlagen, das Genfer Abzeichen auf der Brust und auf dem Rücken (!) anzubringen.[4])

Der militärische Geschmack wird sich aber damit kaum abfinden können, und die Sichtbarmachung erfolgt wohl auch durch die Armbinde in genügender Bestimmtheit.

III. Nach Art. 3[5]) erfährt auch die besondere Berufstätigkeit des Sanitätspersonals Schutz, selbst wenn das örtliche Gebiet seiner Wirksamkeit vom Feind besetzt worden ist[6]) und deshalb nach Art. 42 ff. des Landkriegsabkommens unter der Verwaltung des Besatzungsheeres steht.

Die praktische Durchführung dieser Idee ist allerdings dem Gesetzgeber nicht geglückt.

Die Sanitätspersonen „können“ nämlich nach Art. 3 fortfahren, in den von ihnen bedienten stehenden Kriegslazaretten wie beweglichen Feldlazaretten unter dem Schutz und in Unterordnung unter die Occupationsarmee,[7])

---

[1]) Moynier, La revision p. 17.

[2]) Vgl. oben S. 47 ff.

[3]) Vgl. auch § 209_9, 212_9.

[4]) Vgl. die Ausführungen bei Gillot p. 289.

[5]) Vgl. diesen Artikel oben S. 40.

[6]) „même après l'occupation par l'ennemi.“ Die Felddienstordnung Z. 475 Abs. 2 sagt: „auch in vom Feinde besetztem Gebiet“.

[7]) Das hob die Pariser Präliminar- und Hauptkonferenz gleichmässig hervor (Art. 3). Vgl. auch den Luederschen Vorschlag zu Art. 3: „es hat sich der Subordination und der feindlichen Ordnung zu unterwerfen und sich aller feindlichen Handlungen gegen den fremden Staat zu enthalten“. Die Pflicht der Unterordnung ergibt sich aus der Rechtsstellung des Besatzungsheeres nach Art. 42 ff. Vgl. darüber meine „Haager Friedenskonferenz“ Bd. II. S. 235 ff. Einer ehrenwörtlichen Verpflichtung, wie sie die Berliner Militärsanitätskonferenz von 1867 Art. 3 vorsah, bedarf es m. E. nicht.

gegen welche natürlich jede feindliche Handlung zu unterbleiben hat, ihrem Amte obzuliegen, oder sie können auch ihre Tätigkeit beim Gegner einstellen und sich zurückziehen, um sich wieder den Truppen anzuschliessen, zu welchen sie gehören.

Im letzten Fall hat die den Platz behauptende Armee die Zuführung zu den feindlichen Vorposten zu besorgen.

Diese Bestimmung des Art. 3 war gut gedacht und ist schlecht gemacht. Wenn die Not am grössten ist, unmittelbar nach Schlachten, wo das vorgedrungene Heer zu den neuen eigenen Verwundeten auch noch die Verwundeten des Feindes übernimmt, soll das Sanitätspersonal des letzteren abziehen dürfen? [1])

Der auf dem Gebiet des preussischen Militärmedizinalwesens hochverdiente Löffler hatte mit Recht hierin den grössten Fehler der Genfer Konvention erblickt.

Haben doch auch Militärreglements bereits den Militärärzten verboten, ihre Verwundeten im Besatzungsgebiet zu verlassen. [2]) Ehedem zogen sich freilich die Militärärzte samt und sonders mit dem geschlagenen Heere zurück, und ich sehe gerade darin eine der einschneidendsten Änderungen der Neuzeit, dass bei den Verwundeten ein wenn auch beschränktes Sanitätspersonal ausharrt und ausharren muss. [3]) In Übereinstimmung mit der K.-S.-O. § $43_{,3}$ bestimmt auch die deutsche Felddienstordnung Z. 462:

„Beim Rückmarsch bleibt das nötigste Sanitätspersonal mit den Kranken und Verwundeten unter dem Schutze der Genfer Konvention zurück.“

Diese Praxis muss allgemein werden und das Völkerrecht wird deshalb gut tun, die Pflicht des Ausharrens auch seinerseits auszusprechen. [4])

So wurde denn auch alsbald allgemein gefordert, das „pourront continuer“ im Art. 3 in ein Müssen oder eine Pflicht umzuprägen. Das Oberkommando des Besatzungsheers muss dann aber auch einzig und allein die Entscheidung darüber haben, ob und wann das Sanitätspersonal seine Funktionen abbrechen und gehen kann, und es genügt die eine Schutzbestimmung, dass es allerdings nur solange zurückgehalten werden darf, als der Krankheitsstand sein Verbleiben erfordert, das Sanitätspersonal also unentbehrlich ist. [5])

Darauf gingen denn auch alsbald im wesentlichen die Vorschläge der Berliner Militärsanitätskonferenz, der Würzburger und der Pariser Konferenz von 1867, sowie die Luederschen Vorschläge zum Art. 3. [6])

---

[1]) Vgl. auch Münzel S. 155 ff. und den Oltener Entwurf bei Bircher S. 46, 55 f.

[2]) Lueder, S. 205.

[3]) „dans la mesure des besoins“ (1. Zusatzartikel). Vgl. darüber Gillot, p. 193 ff., 228. Vgl. auch den Zieglerschen Entwurf Art. 5 „une partie plus ou moins grande“.

[4]) So auch Triepel, S. 221 ff., das schweizerische Enoncé VII und Moynier, La revision p. 28.

[5]) So auch Gillot, p. 239. Ein Termin kann nicht angegeben werden. Gegen den Vorschlag von Löffler, dass die Entlassung erfolgen müsse, sobald die erste notwendige Hilfe geleistet sei, also am 2. oder 3. Tage nach der Schlacht, vgl. Lueder S. 350, Münzel S. 165. Darnach stehen insbesondere auch der alsbald zu erwähnenden Zeitklausel der Genfer Zusatzartikel (Art. 1) „pour une courte durée“ Bedenken entgegen (S. 352).

[6]) Dabei ist verlangt, dass der „Rückkehr nicht bestimmte militärische Rücksichten entgegenstehen“. (Vgl. auch S. 351 und den dort cit. Bluntschli.) Sodann heisst es: „Sind keine Hindernisse vorhanden, so hat die Rücksendung unter sicherem Geleit und auf dem von den militärischen Rücksichten gestatteten kürzesten Wege zu geschehen“.

Die Genfer Zusatzartikel (Art. 1) enthalten daher folgende Bestimmung:

„Le personnel désigné dans l'article deux de la Convention continuera, après l'occupation par l'ennemi, à donner, dans la mesure des besoins, ses soins aux malades et aux blessés de l'ambulance ou de l'hôpital qu'il dessert.

Lorsqu'il demandera à se retirer, le commandant des troupes occupantes fixera le moment de ce départ, qu'il ne pourra toutefois différer que pour une courte durée en cas de nécessités militaires." [1])

Auf der Brüsseler Konferenz 1874 wurde diese Frage nochmals verhandelt. [2])

Die deutsche Felddienstordnung gibt den Inhalt der Konvention folgendermassen wieder:

„Will das Personal zur eigenen Armee zurückkehren, so setzt der feindliche Befehlshaber den Zeitpunkt hierzu fest und darf diesen nur auf kurze Zeit hinausschieben, wenn das militärische Interesse dies erfordert." [3])

Bei einer Revision der Genfer Konvention kann man, wenn damit auch keine Lösung für Konfliktsfälle oder keine Garantie gegen widerrechtliche Zurückhaltung gegeben ist, [4]) heute einfach die Fassung übernehmen, für welche sich mittlerweilen das Haager Rotekreuzabkommen entschieden hat, und welche bei den Verhandlungen eingehend begründet wurde. [5])

„Es soll jedoch seine Dienste solange weiter leisten, als es notwendig erscheint und kann sich erst dann zurückziehen, wenn der Befehlshaber es für zulässig erklärt."

Ziff. 9 der Kapitulationsbedingungen bei der Übergabe von Port Arthur (2. Januar 1905) lautete:

„Das Sanitätskorps und die Zahlmeister, die zur russischen Armee und Flotte gehören, werden von den Japanern zurückbehalten werden, solange ihre Dienste als notwendig angesehen werden. [6]) Zum Zweck der Pflege der Gefangenen, Verwundeten und der Kranken während dieser Zeit sollen diese Korps unter der Leitung des japanischen Sanitätskorps und japanischer Zahlmeister Dienste tun. [7])

Natürlich untersteht der Militärarzt beim Feind auch der Militärgewalt und dienstlichen Aufsicht der feindlichen Behörde. Der Militärarzt beim Feind darf freilich in keinen anderen Pflichtenkreis gestellt werden, [8]) untersteht aber andernteils, ohne Kriegsgefangener zu sein, der Leitung der feindlichen Sanitätsbehörden. [9]) Es ist ein eigentümliches und interessantes Rechtsverhältnis. [10])

Die Stellung des Lazarettpersonals beim Feind schliesst die volle Bewegungsfreiheit aus, und der Feind hat allen Anlass, Vorkehrungen zu treffen, dass die gewährleistete Neutralität nicht missbraucht werden kann.

---

[1]) Vgl. auch den Zieglerschen Entwurf Art. 6f., Triepel S. 221 und den Moynierschen Entwurf Art. 13, sowie dessen Ausführungen S. 28.

[2]) Lueder a. a. O. S. 255.

[3]) Diese Fassung entspricht dem in der Kr.-San.-O. Beil. II lit. d übernommenen Zusatz-Artikel 1 der Genfer Konferenz v. 1868

[4]) Vgl. darüber Gillot p. 243ff.

[5]) Vgl. meine „Haager Friedenskonferenz" II. § 84.

[6]) Das war auch deutsche Praxis im Krieg 1870/71. Vgl. Dahn, Bausteine V. 1 S. 177.

[7]) Damals waren circa 20000 russische Verwundete und Kranke zu verpflegen.

[8]) Münzel S. 160. Gillot p. 230.

[9]) Moynier, La revision p. 28.

[10]) Triepel S. 223.

Ein besonderes Kontrollrecht wird zweckmässig bei der Revision noch ausdrücklich ausgesprochen.[1])

Der Missbrauch hebt das Vorrecht wieder auf, lässt die Überführung in Kriegsgefangenschaft als berechtigt erscheinen und begründet auch nach Lage des Falles disziplinar- oder gar strafrechtliche Verantwortung.[2])

Man muss leider aber auch umgekehrt mit Misshandlungen und Beleidigungen der zurückgebliebenen Ärzte rechnen, auf welche der Fanatismus der Bevölkerung losgelassen wird.[3])

Ein solches Vorgehen ist ein Hohn auf jede Gesittung, und die Offiziere sind geradezu bei ihrer persönlichen Ehre verpflichtet, solchem Unfug mit den äussersten Anstrengungen zu steuern.

IV. Die Gehaltsfrage des Sanitätspersonals, das beim Feind weiter seinem Amt obliegt, war in der Genfer Konvention nicht weiter berührt worden. Es ist aber nur gerecht und billig, dass die Pflicht der Verpflegung und Gehaltszahlung nunmehr auf das Besatzungsheer übergeht, das sich ja auch des Personals bedient. Das hatte schon die Berliner Militär-Sanitätskonferenz im Schlussabsatz des Art. 3 vorgeschlagen, und hier setzte dann Art. 2 der Genfer Zusatzartikel ein.

„Des dispositions devront être prises par les Puissances belligérantes pour assurer au personnel neutralisé, tombé entre les mains de l'armée ennemie, la jouissance intégrale de son traitement.“[4])

Das Haager Rotekreuzabkommen hat diese Bestimmung im Art. 7 Abs. 3 mit einer sprachlichen Änderung übernommen.

Welches Gehalt beziehen die Militärärzte?

Einige[5]) sagen: sie beziehen die bisherigen Bezüge; andere[6]) meinen: sie erhalten die in der feindlichen Armee eingeführte Besoldung.

Man hatte sich auch schon mit der niedrigeren[7]) oder auch nur einer billigen Besoldung begnügt.[8]) Es liegt hier eine Frage vor, in welcher man in der Tat verschiedener Meinung sein kann.

Die massgebende Wendung der Genfer Zusatzartikel (Art. 2) „jouissance intégrale de son traitement“ tritt uns nun auch im Haager Rotekreuzabkommen Art. 7 Abs. 3 entgegen.

---

[1]) So auch Münzel S. 157 ff. Die Pariser Konferenz Art. 3, die Berliner Konferenz von 1867 Art. 3 vorletzter Absatz hat ehrenwörtliche Versicherung der Sanitätsoffiziere vorgesehen, den Befehlen des feindlichen Kommandos nicht zuwiderzuhandeln und hat für den Übertretungsfall Behandlung nach den Kriegsgesetzen angedroht. Der Oltener und Zieglersche Entwurf Art. 5 Z. 3 (Bircher S. 46, 56) hat eine ehrenwörtliche Versicherung vorgesehen, Angriffshandlungen zu unterlassen, wobei freilich die Notwehr gestattet bleibt. Vgl. Münzel S. 164 f. und die dort Citierten. Das Kontrollrecht ist in Z. 4 fixiert

[2]) Gillot p 232. Vgl. auch die Pariser Konferenz von 1867 Art. 3 am Schluss und den Oltener Entwurf Art. 3. Dazu Triepel S. 221.

[3]) Vgl. Dahn, Bausteine V. 1 S. 99.

[4]) Über die innere Berechtigung einer derartigen Bestimmung vgl. Moynier, La revision p. 21 f.

[5]) So die Berliner, Würzburger und Pariser Konferenz je im Art. 3

[6]) Oltener Entwurf Art. 5 Z. 2 und Art. 7 Z. 1. Moynier, La revision p. 21. Lueder 348 f. Bircher 56. Triepel 223. Gillot p. 238.

[7]) So früher Moynier, Étude sur la Convention de Genève 1870 p. 172.

[8]) Manuel Art. 16.

Nach der amtlichen deutschen Übersetzung bedeutet das eine Pflicht der Kriegsparteien, „den vollen Genuss der Gebührnisse zu sichern“.

Gemeint ist aber nach dem französischen Text der volle Genuss ihrer (also der bisherigen) Gebührnisse, wie das jetzt auch der Standpunkt des französischen Kriegsgefangenenreglements von 1893 Art. 6 Abs. 1 ist.[1])

Diese Frage wurde im Haag erörtert und so gegen den Vertreter von Japan entschieden. Damit hat die Frage de lege lata aufgehört, eine Streitfrage zu sein. De lege ferenda mag man weiterstreiten. Und da kann man freilich einwenden, dass der Militärarzt im feindlichen Dienst und unter feindlicher Aufsicht auch in das dort massgebende Gehaltsrecht eingetreten sein muss. Wenn man aber, wie billig, davon ausgeht, dass in erster Linie Anspruch auf Rückkehr besteht, die nur im Bedürfnisfall hauptsächlich zu Gunsten der eigenen Truppen der Militärärzte hinausgeschoben wird, so empfiehlt es sich, dass das alte Gehalt fortläuft und dasselbe nur von dem getragen wird, der vorerst noch die Rückkehr hindert. Ich bin daher der Ansicht, dass, zumal auch oft eine völlige Übereinstimmung der Chargen der verschiedenen Heere fehlt, die Fortentrichtung der alten Gebührnisse, deren Höhe leicht festgestellt werden kann, nicht bloss gerechter, sondern auch praktischer ist.[2])

Im übrigen verweise ich auf die Verhandlungen der Haager Konferenz über unsere Frage in meiner „Haager Friedenskonferenz“ II. § 84.

§ 7.
Das Sanitätsmaterial.

Der Art. 4 der Genfer Konvention bestimmt:

„Le matériel des hôpitaux militaires demeurant soumis aux lois de la guerre, les personnes attachées à ces hôpitaux ne pourront, en se retirant, emporter que les objets qui seront leur propriété particulière.

Dans les mêmes circonstances, au contraire, l'ambulance conservera son matériel.“

Vorweg sei bemerkt, dass der Art. 4 nicht von den selbständigen dépôts de matériel[3]) sondern nur den Beständen in den Lazaretten handelt.

Behalten oder verlieren die in die Hände des Feindes gefallenen Sanitätsanstalten ihre Lazarettbestände?

Der Art. 4 gibt die Antwort, indem er die im Art. 1 gemachte Unterscheidung in hôpitaux und ambulances verwertet: das Sanitätsmaterial[4]) der hôpitaux oder stehenden Kriegslazarette unterliegt den Kriegsgesetzen[5]) und verfällt daher dem Feind. Hier darf das Sanitätspersonal beim Rückzug nichts mitnehmen, als das was sein Privateigentum ist.

---

[1]) Triepel S. 294.

[2]) So auch Münzel S. 163 f.

[3]) Moynier, La revision p. 27. Moynier hält es indes für gerecht, dass bei einer Revision gleiche Behandlung der Niederlagen von Sanitätsmaterialien mit den Ambulanzen vorgesehen wird, diese Depots also dem Besiegten belassen werden (a. a. O.).

[4]) Das ist der Oberbegriff nach der Felddienstordnung Z. 474.

[5]) So auch die deutsche Felddienstordnung Z. 475 Abs. 3.

Das Sanitätsmaterial der ambulances oder Feldlazarette dagegen verbleibt dem alten Sanitätspersonal zur freien Verfügung, weil es sein Material für die erste Hilfsleistung dringend braucht.

Und wenn sich das Personal zu den eigenen Truppen zurückzieht, so gilt der Satz der Felddienstordnung:

„Das Material der Sanitätsabteilungen und Feldlazarette darf hierbei als neutral mitgenommen werden.“ [1])

Löffler hat der unterschiedsvollen Behandlung, und insbesondere auch dem von anderer Seite bekämpften kriegsgesetzlichen Schicksal des Materials der stehenden Kriegslazarette aus praktischen Erwägungen zugestimmt und der Verwischung des Materialgegensatzes, der zu Gunsten des Besiegten gefordert wird, widersprochen. Auch Moynier meinte: „cette différence se justifiait“,[2]) vertritt dann aber weiterhin den schweizerischen Richtpunkt: „Neutraliser dans une plus large mesure le matériel sanitaire.“ [3])

Umgekehrt wurde versucht, auch das Material der Feldlazarette der Gewalt des Siegers zu unterwerfen, also den Unterschied zu Gunsten der Sieger zu verwischen.[4]) Auch das französische Kriegsgefangenenreglement von 1893 steht auf diesem Standpunkt, und Triepel bekämpft das.[5]) In der Tat soll nach der Konvention das für den Augenblick Nötige dem eigenen Bedürfnis gewidmet bleiben.[6])

Der Gegensatz verliert übrigens dadurch an Schärfe, dass das Material der stehenden Kriegslazarette nicht dem Beuterecht,[7]) sondern nur der feindlichen Verfügungsgewalt zum Zweck der Krankenpflege unterworfen ist,[8]) welch letztere auch dem verwundeten Gegner zu teil wird.

Mit der Dispositionsmacht über das Material der stehenden Kriegslazarette verbindet sich nämlich, wie es auch der Oltener Entwurf Art. 7_2 unter der Billigung von Triepel[9]) eigens hervorhebt, die verwaltungsrechtliche Beschränkung, das Material für die Krankenpflege zu verbrauchen, zu erhalten und auch — zu ergänzen.

Als am 1. Januar 1905 Port Arthur kapituliert hatte, war das Erste, was die Japaner taten, dass sie die Stadt mit Proviant und Verbandstoff versorgten; und doch handelte es sich hier überall nur um hôpitaux.

Spreche man eine derartige Pflicht nur auch ganz allgemein im Abkommen aus.

---

[1]) a. a. O.

[2]) La revision p. 22.

[3]) a. a. O. p. 26 f. Schon Corval und Dahn (Bausteine V. 1 S. 99) hielten die ganze Unterscheidung für ungerechtfertigt und wünschten, dass sämtliches Material sämtlicher Sanitätsanstalten, soweit es nicht für die am Ort befindlichen Kranken und Verwundeten erforderlich ist, mitsamt den ärarischen Wagen und Pferden sowie dem Privatgepäck und den Pferden der Ärzte den letzteren beim Zurückziehen ungehindert mitgegeben werde.

[4]) So insbesondere Voigts-Rhetz auf der Brüsseler Konferenz 1874 (Lueder S. 254).

[5]) S. 294.

[6]) Gillot p. 253.

[7]) Das nimmt Felix Dahn an (Bausteine V. 1 S. 99), ebenso Triepel S. 294.

[8]) Lueder S. 372 f. Münzel S. 123 ff. Gillot p. 266, 268.

[9]) S. 125. Münzel S. 125 betont indes, dass dieser Gedanke schon im Art. 6 enthalten ist.

Man wird sagen können, dass das Dispositionsrecht des Siegers am besten ein richtiges Funktionieren des Sanitätswesens sicherstellt. Es wiederholt sich hier eine Erscheinung aus dem Occupationsrecht:[1]) je rückhaltloser ein Recht des Siegers anerkannt und verwirklicht wird, desto besser kann er sich den anvertrauten Verwaltungsinteressen widmen und den Bedürfnissen auf gegnerischer Seite dienen.

Gilt die Unterscheidung des Art. 4 auch für das Material der Rotekreuzgesellschaften, sodass auch hier das Material der stehenden Kriegslazarette dem Feind verfällt?

Lueder und andere sagen: ja! Heute aber spricht man sich mit Recht ziemlich allgemein für die Unverletzlichkeit in jedem Fall aus.[2])

Hier handelt es sich um Privatgut, das nach Kriegsrecht zu schützen ist, während das feindliche Staatsgut strengeren Grundsätzen unterliegt.[3]) Die Hilfsgesellschaften steigern auch nicht die Kraft des Gegners, nehmen überhaupt nicht am Kampf teil und dienen nur der Humanität.

Ein äusserliches Schutzabzeichen, wie es an den Lazaretten und dem Lazarettpersonal angebracht ist, ist für das geschützte Material, das sich ja auch ausserhalb des Lazaretts finden kann, nicht vorgesehen.

Das wurde mit Recht schon als ein Mangel bezeichnet, dem am besten durch eine eigene Bestimmung abgeholfen wird.[4])

Die deutsche Felddienstordnung Z. 474 schreibt bereits vor, auch das Sanitätsmaterial (einschliesslich desjenigen der freiwilligen Krankenpflege) mit dem Neutralitätszeichen zu versehen.

§ 8.
Die aussergewöhnlichen Sanitätsdienste.

Der Art. 5 der Genfer Konvention lautet:

Les habitants du pays qui porteront secours aux blessés seront respectés et demeureront libres.

Les généraux des puissances belligérantes auront pour mission de prévenir les habitants de l'appel fait à leur humanité, et de la neutralité qui en sera la conséquence.

Tout blessé recueilli et soigné dans une maison y servira de sauvegarde. L'habitant qui aura recueilli chez lui des blessés sera dispensé de logement des troupes, ainsi que d'une partie des contributions de guerre qui seraient imposées."

Die deutsche Felddienstordnung Z. 475 Abs. 4 gibt das folgendermassen wieder:

„Landeseinwohner, die Kranken und Verwundeten Hilfe leisten, sollen geschont, wer Kranke und Verwundete aufnimmt, soll mit Einquartierung bezw. einem Teile der etwaigen Kriegssteuern verschont werden.

I. Der Inhalt des Art. 5 geht darauf, die Einwohner durch Schutzgewährung und Vergünstigungen zur Hilfeleistung nach Schlachten aufzumuntern. Dabei wird von den Generalen erwartet, dass sie an die Ein-

---

[1]) Vgl. meine „Haager Friedenskonferenz" Bd. II. § 46 und 51.

[2]) Entwurf Moynier Art. 17 lit. f und S. 27. Entwurf Ziegler Art. 7 Z. 3. Gillot p. 271, 89.

[3]) Art. 53 des Haager Landkriegsabkommens.

[4]) Vgl. den Oltener Entwurf, Bircher und Münzel S. 146, Gillot p. 293. Weiter die Entwürfe von Ziegler Art. 8 Z. 3 und Moynier Art. 20 Abs. 2.

wohner Menschlichkeitsproklamationen erlassen und sie über ihre an die Hilfeleistung geknüpften Vorrechte aufklären.

1. Den Einwohnern, welche den Verwundeten Hilfe leisten, ist zunächst die Zusicherung gegeben: sie sollen geschont werden und freibleiben.

Aber das gilt nach dem Haager Landkriegsabkommen Art. 46 doch für alle friedlichen Einwohner, auch wenn sie keinen Finger für die Verwundeten rühren. Der Abs. 1 rechnete also mit der Möglichkeit, dass die Einwohner, welche und insoweit sie einer Seite Hilfe bringen, von der anderen Seite Nachteile erleiden könnten. Selbst einseitige Hilfeleistung soll somit nicht als Parteinahme oder als Feindseligkeit gelten, auf welche mit Repressalien resp. Kriegsgefangenschaft geantwortet werden darf.[1])

Das ist der Inhalt der im Abs. 2 zugesagten „neutralité",[2]) die in dem erwarteten Aufruf der Generale hoffentlich schärfere Voraussetzungen erhält und klarer umschrieben wird, als es in der Genfer Konvention geschah.

Man kann aber auch daran denken, dass die Einwohner, welche während des Kampfes hilfebereit auf dem Schlachtfeld erscheinen, den Schutz des amtlichen Sanitätspersonals geniessen. Das würde dann geradezu wie eine Einladung zum Betreten des Schlachtfeldes klingen.

Aber gerade das birgt für das Heer selbst die allergrössten Gefahren. Beim Fehlen einer militärischen Organisation und Eingliederung ist die Hilfeleistung nur zu leicht ein Vorwand zum Verbrechen.[3])

Die Genfer Konvention kann weder die Absicht noch die Kraft haben, den Oberbefehlshabern Schwierigkeiten zu machen, die ganz ausserhalb der Rotekreuzidee liegen.

2. Der Abs. 3 belohnt insbesondere die Aufnahme und Verpflegung von Verwundeten in den Wohnungen der Einwohner.

Wenn in einem Haus auch nur ein Verwundeter Pflege findet, so begründet das den Schutz des Hauses, d. h. es wird wie ein Lazarett behandelt.

Weiterhin bleibt der Einwohner für diese Leistung auch von jeder Einquartierung und teilweise auch von Kriegskontributionen befreit.

II. Der Art. 5 hat keine Existenzberechtigung.

Felix Dahn hatte nur die Fassung für „unhaltbar" erklärt.[4]) Aber im schweizerischen Enoncé lautet der 6. Richtpunkt radikaler:

„Supprimer les dispositions relatives aux habitants du théâtre de la guerre".

Auch Moynier hat sich für die Aufhebung ausgesprochen.[5])

Früher mochte es in der Tat noch einen Sinn haben, zu sagen: Die Einwohner bleiben neutral, auch wenn sie einer Kriegspartei durch

---

[1]) Vgl. Moynier p. 18, Gillot p. 217.
[2]) Vgl. darüber oben S. 36 f.
[3]) Münzel, 170.
[4]) Bausteine V. 1. S. 100.
[5]) La revision p. 18 f.

Verwundetenpflege Hilfe bringen. Heute erscheint ein solcher Satz als überflüssig.[1])

Die Anwendbarkeit des Art. 5 ist denn auch allgemein dem ernsthaftesten Zweifel begegnet.[2]) Bei seiner Abfassung war der praktische Sinn nicht genügend zu Wort gekommen.

Es war ein merkwürdiger Widerspruch, dass man von den organisierten Hilfsgesellschaften noch nichts wissen wollte, dagegen dem freien Einwohnertum vertraute.

1. Die Heranziehung vieler ortskundigen Einwohner zu Dienstleistungen in einer Zeit, wo man nicht genug Hände hat, um auch nur die schreiendsten Leiden zu mildern, erscheint ja an sich als angemessen und empfehlenswert. Aber es ist dabei vorausgesetzt, dass wirkliche Helfer, und nicht etwa die „Hyänen des Schlachtfelds" nahen, um die Verwundeten zu verstümmeln und zu berauben. Weiter: Nur organisierte und beaufsichtigte Hilfeleistung ist annehmbar [3]); alles andere ist ein Sprung ins Dunkle, und die bisherigen Erfahrungen, insbesondere auch schon vom Jahre 1866 und 1870/1, sprechen schnurstraks gegen jedes freie Helfertum im Krieg.[4])

Entschiedene Freunde der Genfer Konvention sowie die nachfolgenden Reformkonferenzen haben sich hier denn auch kritisch verhalten.[5])

Besondere Beachtung verdient die auch von Lueder[6]) vertretene Bestimmung der Berliner Militär-Sanitätskonferenz (Art. 5):

„Die Zulassung von Privatpersonen auf das Schlachtfeld während oder gleich nach der Schlacht ist untersagt und kann nur durch besondere Erlasse der Oberkommandos gestattet sein."

Ähnlich die Würzburger Konferenz 1867 Art. 5.

Auch bei der Abfassung des Haager Rotekreuzabkommens hat man dieser Seite eine besondere Aufmerksamkeit geschenkt,[7]) was sich bei einer Revision der Genfer Konvention wiederholen muss.

Die deutsche Kriegs-Sanitäts-Ordnung §§ 193, 220—221 hat denn auch das Institut der „Privatpflegestätten" nach militärischen Gesichtspunkten ausgebaut; und zur Vermeidung von Regressnahmen dürfen niemals und unter keinen Umständen Entlassungen oder Überweisungen in Privatpflege anders, als hier vorgeschrieben, erfolgen. (§ 193_8).

2. Die Freiheit von Einquartierung und teilweise auch von Kriegskontributionen ist eine übertriebene Belohnung dafür, dass man vielleicht nur einen Verwundeten aufgenommen hat.

Als die Deutschen nach der Schlacht von Wörth in Hagenau einrückten, wehte fast aus jedem Haus die Rotekreuzfahne. Nach dem Wort-

[1]) a. a. O.

[2]) Vgl. auch Gillot p. 216: „Aucun article n'a été plus attaqué que celui-ci et n'a donné lieu à plus d'abus . . . . L'intention était bonne, mais l'expression de cette pensée fut défectueuse".

[3]) Vgl. oben S. 44 ff.

[4]) Lueder S. 401.

[5]) a. a. O. 396.

[6]) a. a. O. 402.

[7]) Vgl. die Art. 2, 3, 4.

laut der Genfer Konvention wäre es für die Einwohner sehr bequem, für die Deutschen aber sehr unbequem gewesen, wenn sie auf der Strasse hätten biwakieren müssen, weil in jedem Haus ein Verwundeter lag. Solche Bestimmungen sind unsinnig.[1])

Was nicht durchführbar ist, ist wertlos.[2])

Die Pariser Konferenz von 1867 hat daher im Art. 5 die Zusicherung der Einquartierungs- und Kontributionsfreiheit nur „autant que possible" zugesagt.

Ein Gesetz kann allenfalls die Anrechnung besonderer Leistungen bei der Verteilung der Kriegslasten im Rahmen der Möglichkeit[3]) in Aussicht stellen, aber jedes Mehr und Bestimmtere ist übertrieben und verfehlt.

Der Art. 4 der Genfer Zusatzartikel bestimmte:

„Conformément à l'esprit de l'article cinq de la Convention et aux réserves mentionnées au Protocole de 1864, il est expliqué que, pour la répartition des charges relatives au logement de troupes et aux contributions de guerre, il ne sera tenu compte que dans la mesure de l'équité du zèle charitable déployé par les habitants."

Diese Fassung ist besser, aber immer noch nicht gut.[4])

Es ist auch unschön, die Einwohner dadurch zur Mildtätigkeit geneigt zu machen, dass man ihren Eigennutz anstachelt.[5]) Der Art. 5 wäre annehmbarer, wenn er nur den Satz enthielte, dass die Einquartierung in tunlichster Schonung der von Verwundeten benützten Räume der Privathäuser erfolgen solle.

So wie der Artikel jetzt lautet, streicht man ihn am besten.[6])

§ 9.

Die ordentliche Sanitätsfürsorge.

Der Art. 6 endlich beschäftigt sich unmittelbar mit der Schutzstellung der Kranken und Verwundeten selbst, derentwegen die ganze Genfer Konvention abgeschlossen worden ist.

Der Art. 6 lautet:

Les militaires blessés ou malades seront recueillis et soignés, à quelque nation qu'ils appartiennent.

---

[1]) Lueder S. 398. Felix Dahn (Bausteine V. 1. S 100): „Die Illusion, sich durch Aufnahme je eines Verwundeten für das ganze Haus durch Einquartierung befreien zu können, muss durch Umformung des Wortlautes unmöglich gemacht werden". Ebenso Gillot p. 218. Besonders stark fällt die Stimme Moyniers ins Gewicht: „C'est exposer l'armée occupante à manquer de moyens d'existence, quand bien même il s'en trouverait à sa portée. Or cela est inacceptable". (La revision, p. 18). Vgl. auch Triepel, 200. Münzel, 170.

[2]) Münzel, 171.

[3]) Autant que possible: Die Pariser Präliminar-Konferenz von 1867 (Art. 5).

[4]) So auch Moynier, La revision p. 18

[5]) Der Abs. 2 u. 3 des Art 5 wäre übrigens auch umzustellen. Nach der jetzigen Fassung hätte der Aufruf der Generale nur den Inhalt: seid zur Pflege bereit aus Menschlichkeit; die letztere schützt Euch gegen den Vorwurf des Neutralitätsbruchs Den eigentlichen Reizgehalt hat aber erst der Abs. 3 und der General, der auf dem Boden des Art. 5 steht, würde sich dieses Motiv nicht entgehen lassen. Vgl. auch Moynier, la revision, p. 18f.

[6]) So schon der Brüsseler, der Oltener, der Zieglersche und der Moyniersche Entwurf. Vgl. auch Münzel, 172f. und die bei Triepel 201 [1] sowie Gillot p. 219 Erwähnten.

Les commandants en chef auront la faculté de remettre immédiatement aux avant-postes ennemis les militaires ennemis blessés pendant le combat lorsque les circonstances le permettront et du consentement des deux parties.

Seront renvoyés dans leur pays ceux qui, après guérison, seront reconnus incapables de servir.

Les autres pourront être également renvoyés, à la condition de ne pas reprendre les armes pendant la durée de la guerre.

Les évacuations, avec le personel qui les dirige, seront couvertes par une neutralité absolue.

Hier fehlt vor allem die als selbstverständlich angesehene Zusicherung der Unverletzlichkeit,[1]) welche aber schon dem Kriegsgefangenen als solchen zukommt.

Die Verwundeten, welche in die Hände des Feindes fallen, sind nämlich gerade so gut Kriegsgefangene,[2]) wie die Gesunden.

Daraus werden später auch Folgerungen zu ziehen sein.

Hier mag aber bereits bemerkt werden, dass die Konsequenz der Kriegsgefangenenstellung der Kranken und Verwundeten sich auch in der Überwachung, der Disziplin u. s. w. äussert, natürlich nur im Rahmen der durch die Krankheitslage notwendig werdenden Zugeständnisse.

Die Verwundeten sind eben qualifizierte Kriegsgefangene. Und nur um diese Qualifikation und mithin um die sonderrechtliche Stellung der kranken und verwundeten Kriegsgefangenen handelt es sich im folgenden.

I. Der Schutz der Genfer Konvention wird den verwundeten und kranken „militaires“ zugesagt.

Militärs im Sinne der Genfer Konvention sind alle, welche der bewaffneten Macht angehören. Auf die Zusammensetzung derselben kommt es weiter nicht an[3]), und der Unterschied von Kombattanten und Nichtkombattanten spielt hier keine Rolle.

Der Oltener und der Zieglersche Entwurf (Art. 1) hält aber die Redaktion der Genfer Konvention hier für ungenau und schlägt folgende Fassung vor:

„Les blessés ou malades appartenant à l'armée de campagne et à l'armée territoriale.“

Aber in dieser Richtung gibt jetzt Art. 1 und 2 des Haager Landkriegsabkommens einen festen Grund.[4])

---

[1]) Die Pariser Konferenz von 1867 Art. 6 Abs. 2 hatte den verwundeten Feind für „neutre“ erklärt. Ebenso der Oltener Entwurf Art. 1. Hiegegen mit Recht Gillot p. 156 sqq. Gillot, p. 146 ff. befürworte den Zusatz „seront respectés et protegés“, meinte aber dann p. 153 ff., 175 gleichfalls, dass die in die Gewalt des Feindes gefallenen Verwundeten Kriegsgefangene seien, und dass dieser Satz des Haager Abkommens bei der Revision der Genfer Konvention Aufnahme finden sollte.

[2]) Der Art 9 Abs. 1 des Haager Rotekreuzabkommens enthält jetzt diese Feststellung, welche man bei der Revision der Genfer Konvention einfach übernehmen kann. Vgl. weiterhin die Felddienstordnung Z. 475 Abs. 5 und die Kr.-San.-O. § 5. Auch das französische Kriegsgefangenenreglement 1893 hat das im Art. 5 ausdrücklich hervorgehoben: „Les blessés et les malades . . . . sont prisonniers de guerre“. Diesen Standpunkt haben schon ältere Abkommen und dann 1874 auch die Brüsseler Konferenz, neuestens gegen den Oltener Entwurf insbesondere auch Triepel vertreten (S. 213 ff., 294). Dort S. 215 auch Literatur. Vgl. insbesondere auch Münzel S. 118 f.

[3]) So auch Gillot v. 148 ff.

[4]) Vgl. darüber meine „Haager Friedenskonferenz“ Bd. II. S. 96 ff.

Militär im Sinn der Genfer Konvention ist darnach jeder, auf den die Voraussetzungen des Art. 1 oder 2 zutreffen und der somit zur Kriegspartei gehört.

Es wurde auch schon für Bürgerkriege die Geltung der Genfer Konvention ganz allgemein verlangt.[1])

Man wird aber diese Frage nur schwer von der allgemeinen Unterlage frei machen können, auf welcher der Begriff der Kriegspartei ruht. Der Zusammenhang zwischen den Verwundeten und Kriegsgefangenen macht das ohne weiteres klar. Nach wie vor wird es also bei Bürgerkriegen auf die wechselseitige Anerkennung als Kriegspartei ankommen,[2]) woraus sich dann alles weitere von selbst ergibt.

II. Die Sonderstellung der kranken und verwundeten Militärs wird durch die Worte bezeichnet[3]):

„*seront recueillis et soignés*".

Unter recueillir versteht man das Aufheben und Bergen an sicheren Orten, während mit soigner die Gewährung von Unterkunft, Nahrung und ärztlicher Pflege zugesagt ist.[4])

Übrigens entbehrt auch kein Heer eines zivilisierten Staates der Sanitätseinrichtungen zur Aufnahme und Verpflegung der verwundeten und kranken Militärs im Frieden wie im Krieg.

Die Fürsorge (soigner) kann übrigens auch die Form der Überweisung annehmen, insofern es den Oberbefehlshabern freisteht, die während des Gefechts verwundeten feindlichen Militärs sofort den feindlichen Vorposten zu übergeben, wenn die Umstände dies gestatten.

Aber weil es hier eben sehr auf die Umstände ankommt und diese Massregel sehr einseitig wirken kann, ist für dieselbe weiter das Einverständnis beider Parteien vorausgesetzt. Damit verliert die ganze Bestimmung aber auch ihren Inhalt und wird völlig überflüssig.[5])

Denn zur Übergabe oder auch zum Austausch der Verwundeten zum Besten derselben bedarf es, wenn die Kriegsparteien einig sind, doch wahrlich nicht erst einer völkerrechtlichen Erlaubnis.

1. Der Art. 6 verlangt Aufnahme und Pflege in den dazu bestimmten festen wie beweglichen Einrichtungen, also Lazaretten jeder Art, Sanitätszügen, Verbandplätzen u. s. w., die deshalb samt und sonders geschützt sind. Im Artikel 6 handelt es sich aber nicht bloss um die Pflicht der Aufnahme, wenn man zufällig auf feindliche Verwundete stösst, son-

---

[1]) So z. B. die Oltener Konferenz von 1892, „dans toutes les guerres". Gillot p. 150—152. Bonfils S. 593.

[2]) Vgl. meine „Haager Friedenskonferenz" Bd. II. S. 53.

[3]) Hier ist die (in der Literatur gebrauchte) Bezeichnung „neutral" doppelt falsch und irreführend. Wie kann man den Feind als neutral erklären? Man kam dann von hier aus zu der irrigen Folgerung, dass der Verwundete, der in die Hände des Gegners fällt, nicht dessen Kriegsgefangener wird und zumal nach der Heilung unter allen Umständen heimzusenden ist.

[4]) Gillot p. 144 sq, 172 599.

[5]) So auch Lueder, Genfer Konvention S. 328 und Dahn Bausteine V. 1. S. 100. Die deutsche Felddienstordnung Z. 475 Abs. 5 hat die Bestimmung der Genfer Konvention indes wiedergegeben. Ebenso die Kriegs-Sanitäts-Ordnung Beil. d.

dern auch um die Pflicht der Aufsuchung, wenn eine Schlacht vorbei ist und das Schlachtfeld behauptet wird.

Bei einer Neufassung ist das zu berücksichtigen.

Weiterhin ist auch ein ausreichender Schutz der Verwundeten gegen die sog. Hyänen des Schlachtfelds zu gewähren.[1])

2. Es wurde nicht nur von Lueder sondern auch von andern der Vorschlag gemacht, zum Schutz der Verwundeten auf dem Kampfplatz die Organisation einer förmlichen Schlachtfeldpolizei zur völkerrechtlichen Pflicht zu machen.[2])

Insbesondere enthält auch das schweizerische Enoncé Nr. IX jetzt folgenden Richtpunkt:

„Garantir que les blessés sont protégés sur le champ de bataille, après le combat, contre le pillage et les mauvais traitements".

Die deutsche Felddienstordnung Z. 526—535 hat eine solche „Feldgendarmerie" bereits vorgesehen und derselben die Ausübung der Polizei bei dem Feldheer und auf den Etappenstrassen übertragen.

3. Bei Massenbeerdigungen nach Schlachten rückt die fürchterliche Möglichkeit näher, dass Besinnungslose lebendig begraben werden.

Deshalb erhebt jetzt das schweizerische Enoncé, gestützt auf wissenschaftliche Anregungen dieser Art die Forderung (Nr. Xa):

„Que l'inhumation ou l'incinération des morts soit précédée d'un examen attentif de leur cadavre."

Hier begegnet uns eine alte Forderung, welche übrigens die deutsche Kriegs-Sanitäts-Ordnung Anl. § $36_{,2}$ schon übernommen hat.

Es wird sich aber für die nächste Genfer Konferenz empfehlen, die Organisation einer fachmännischen Leichenbeschau im Krieg zur völkerrechtlichen Pflicht zu machen.

4. Das Loos der Sterbenden wird erleichtert, wenn sie wissen, dass ihre Angehörigen baldigst benachrichtigt werden.

---

[1]) Das deutsche MStGB § 134 bedroht demgemäss denjenigen, der „einem Kranken oder Verwundeten auf dem Kampfplatze, auf dem Marsche, auf dem Transporte oder im Lazarett . . . eine Sache wegnimmt."

Der strafrechtliche Schutz genügt hier aber nicht und schon Lueder schlug daher für die Revision der Genfer Konvention folgende Neufassung vor:

„Die das Schlachtfeld ganz oder zum Teil behauptende Partei hat, soweit sie es behauptet, für eine genügende Überwachung des Schlachtfeldes nach der Schlacht und für den Schutz der liegen gebliebenen Verwundeten und Toten, auch der Gegenpartei, gegen Misshandlung und Beraubungen . . . . der Gefallenen zu sorgen.",

Die deutsche Felddienstordnung hat diese Wünsche bereits verwirklicht.

Zunächst bestimmt Z. 471:

„Nach dem Gefechte ist ohne höhere Anordnung jeder Truppenteil verpflichtet, das Schlachtfeld in seiner Nähe nach Verwundeten und zu deren Schutze gegen plünderndes Gesindel absuchen zu lassen."

[2]) Moynier, La revision, p. 30f. Gillot p. 159 ff 173 Die zweite Genfer Konferenz 1868 hat die Notwendigkeit einer Schlachtfeldpolizei anerkannt, aber sich mit einer Empfehlung zu Protokoll begnügt (p 26), weil das mehr ins Staats- als Völkerrecht gehöre. Aber Moynier hat sich gegen eine solche Auffassung ausgesprochen und betont, dass Beschlüsse, die nur im Protokoll stehen, nicht viel wert sind. (La revision p. 31 f.)

Deshalb hat schon Lueder [1]) vorgeschlagen, dass bei einer Neufassung folgende Bestimmung eingestellt werde:

„Sobald als möglich hat jede Partei der anderen genaue Listen über die in ihre Hände gefallenen Toten, Verwundeten, Kranken und Gefangenen und deren Verbleib auszustellen."

Das hat jetzt auch das schweizerische Enoncé Nr. Xc übernommen:

„Que la liste des morts, des blessés et des malades recueillis par l'ennemi soit remise le plus tôt possible, par celui-ci, aux autorités de leur pays ou de leur armée." [2])

Im übrigen vgl. hiezu jetzt auch das Landkriegsabkommen Art. 14—16.

Die deutsche Kriegs-Sanitäts-Ordnung § 93 und 198a hat diesen Punkt schon vorgesehen.

5. Mitteilungen sind nur möglich, wenn die Identität festgestellt ist. Aber gerade das ist im Krieg nicht so einfach.

Deshalb hat schon Lueder folgenden Vorschlag für die Neuredaktion gemacht: [3])

„Jeder Soldat und jede sonstige zum Heere oder zum Sanitätspersonal gehörige Person muss beim Beginn des Krieges mit einer die Feststellung ihrer Identität sichernden Urkunde versehen sein, deren Platz und Beschaffenheit der Gegenpartei rechtzeitig bekannt zu geben ist."

Das wurde jetzt auch vom schweizerischen Enoncé übernommen [4]) und von Moynier [5]) und anderen [6]) unterstützt.

Die deutsche Kriegs-Sanitäts-Ordnung § 26 hat bereits eine solche „Erkennungsmarke" eingeführt. [7])

Ein weiterer Identitätsbeweis ist das „Soldbuch", das jeder Soldat bei sich trägt (a. a. O.).

III. Die Fürsorge in der Form der Aufnahme und Verpflegung soll in Gemässheit des Art. 6 den verwundeten oder erkrankten Militärs „ohne Unterschied der Nationalität", also dem Feind wie dem Freund, zugewandt werden.

Dahn [8]) erklärte im Anschluss an Corval den ganzen Abs. 1 als „überflüssig, weil selbstverständlich". „Denn", so heisst es hier, „dass auch die Kranken und Verwundeten des Feindes geschützt und gepflegt werden sollen, ist ja der Hauptinhalt der gesamten Konvention".

Aber man wird doch eben den Hauptinhalt einer Konvention auch zum Ausdruck bringen müssen.

Darin hat Dahn jedoch unzweifelhaft recht [9]):

Das charakteristische Merkmal der internationalen Rotekreuzbestimmungen liegt darin, dass der kranke und verwundete Gegner nicht mehr

[1]) Art. 2 Anhang XI.
[2]) Ebenso Moynier, La revision p. 37.
[3]) Art. 2 Anhang XI und S. 321 ff.
[4]) Nr. Xb: „Que tout militaire porte sur lui une marque permettant d'établir son identité".
[5]) La revision p. 31.
[6]) Münzel S. 102, Gillot p. 164 ff.
[7]) Über die französischen Identitätstafeln vgl. Bonfils-Grah S. 591 und Gillot p. 171 ff.
[8]) Bausteine V. 1. S. 100.
[9]) Vgl. auch Triepel S. 219.

als Feind behandelt werden darf, sondern dass er nur als armer leidender Mensch erscheint, der Anspruch auf Pflege hat. Zur Fürsorge für die eigenen Soldaten brauchten sich die Staaten nicht erst durch einen völkerrechtlichen Vertrag zu verpflichten.

Bei der pflichtmässigen Aufnahme und Verpflegung darf zwischen den feindlichen und den eigenen Soldaten kein Unterschied gemacht werden.[1] Die in die feindliche Hand gefallenen Verwundeten des Gegners dürfen nicht nur nicht getötet und misshandelt werden —, das ist schon bei den einfachen Kriegsgefangenen verboten — sondern sie müssen wie die eigenen Verwundeten in ärztliche Krankenbehandlung genommen werden[2]) und die Pflege muss auf demselben Fuss mit den eigenen Soldaten erfolgen.[3])

Die deutsche Kriegs-Sanitäts-Ordnung § 5 bestimmt:

„Kranke und verwundete Kriegsgefangene nehmen an der Krankenpflege gleichfalls Teil. Über eine von den betreffenden Staaten etwa zu leistende Entschädigung erfolgt jedesmal Bestimmung."

Dazu kommt § 138,3:

„Zur Aufnahme kranker und verwundeter Kriegsgefangene werden besondere Lazarette bestimmt. Im allgemeinen sind solche Kriegsgefangene, deren baldige Heilung zu erwarten, Reservelazaretten zu überweisen, welche sich in der Nähe der zur Aufnahme der Kriegsgefangenen bestimmten Orte befinden."

Hier ist überall eine Pflege und Behandlung auf Grund der eigenen Sanitätsbestimmungen vorausgesetzt, wie das seinerzeit in Brüssel 1874 in einem deutschen Antrag auch klar ausgesprochen war („de la manière que ceux qui appartiennent à leurs propres armées").[4])

Damit ist jede schlechtere, aber auch jede bessere Behandlung der feindlichen Verwundeten ausgeschlossen und massgebend für einen Bevorzugung kann nur die Schwere der Verwundung sein.

Deshalb können nach der Occupation eines Lazaretts aber auch Veränderungen zu ungunsten der bisherigen feindlichen Insassen vorgenommen werden, wenn es die Rücksicht auf die eigenen Schwerverwundeten, die eingebracht werden, verlangt.[5])

---

[1]) Lueder (Genfer Konvention, Anhang S. XI) hatte daher folgende Formulierung vorgeschlagen: „Die verwundeten und kranken Soldaten des feindlichen Heeres werden ebenso wie die eigenen Leute aufgenommen und verpflegt". Vgl. auch Gillot p. 174.

[2]) „Wird in Wirklichkeit hier oder da eher und bereitwilliger auf den Landsmann gegriffen als auf den Fremden, so gehört das zu den Menschlichkeiten, die immer vorkommen werden. Es handelt sich hier nur um das Prinzip, und es ist wohl kaum nötig, ausdrücklich auszusprechen, dass in derartigen kleinen Bevorzugungen im einzelnen nicht eine Verletzung des Art. 6 der Genfer Konvention zu erblicken ist." (Lueder, Genfer Konvention S. 317f.).

[3]) Mit Recht sagt Lueder (Genfer Konvention S. 379): „Sie stehen beide gleich, und wenn es sich um das bessere Hospital oder das bessere Bett handelt, so hat einfach der leichter Verwundete oder der Rekonvaleszent dem schwerer Verwundeten und dem Kränkeren Platz zu machen, ohne dass es auf die beiderseitige Nationalität ankäme." — Freiheitsbeschränkungen bezüglich des Aufenthalts, der Bewegung, des Korrespondenzverkehrs u. s. w. sind nur im Rahmen der militärischen Notwendigkeit, also z. B. zur Verhinderung der Flucht und Spionage gestattet. (Vgl. darüber auch Gillot p. 174, 59.)

Andernteils steht aber ebenso fest, dass die Kranken und Verwundeten, die in die Gewalt des Feindes gefallen sind, von diesem beherrscht werden und ihm Gehorsam schulden. Sie dürfen nichts unternehmen, was diesem schadet und vor allem nicht spionieren. Die Verletzung dieser Pflichten gegen den Feind, der sie aufnahm und pflegt, zieht disziplinare resp. strafrechtliche Ahndung nach sich (Gillot p. 186).

[4]) Vgl. auch Münzel S. 104.

[5]) a. a. O. S. 136.

IV. Im Abs. 2 und 3 handelt es sich um die Kranken und Verwundeten, welche beim Feind Heilung gefunden haben. Hier ist zu unterscheiden:

1. Diejenigen, welche nach ihrer Heilung als dienstunfähig („incapables de servir") befunden worden sind, sollen in ihre Heimat zurückgeschickt werden.

Das ist nach der Genfer Konvention eine Rechtspflicht, über welche man sich 1864 einigte „sans hésitation".[1])

Die zwecklose Fernhaltung der geheilten aber dienstunfähig gewordenen Militärs von ihrer Heimat wäre in der Tat eine nutzlose Verlängerung ihrer Leiden, welcher das Völkerrecht mit gutem Grunde steuert.[2])

Die deutsche Felddienstordnung geht mit Recht sogar weiter. Warum müssen dienstunfähig gewordene erst geheilt sein, um heimgeschickt werden zu können?

Nach der Felddienstordnung Z. 475 Abs. 5 soll daher die Heimsendung derselben auch „womöglich früher" erfolgen.

Wer gehört aber zu den „incapables de servir"?[3])

Über den Begriff der Dienstunfähigkeit können natürlich nicht einfach die Grundsätze der militärischen Aushebung massgebend sein. Der Generalstabschef bleibt unter Umständen dienstfähig, wenn er auch für körperliche Kriegsdienste völlig invalide geworden ist.

Die Zusatzartikel von 1868 haben deshalb hier eingesetzt und im Art. 5 diejenigen Offiziere ausgenommen, „dont la possession importerait au sort des armes".

Die deutsche Felddienstordnung Z. 475 Abs. 6 gibt das in Übereinstimmung mit der Kriegs-Sanitäts-Ordnung Beil. d mit den Worten wieder:

„Offiziere, deren Rückkehr zu ihrer Armee auf den Erfolg der Waffen von Einfluss sein würde, können zurückbehalten werden."

Dass mit dem Zusatzartikel von 1868 freilich eine bestimmte Formulierung gefunden sei, wird niemand behaupten wollen.[4])

Felix Dahn[5]) sieht in der „misslichen Unterscheidung" des 5. Zusatzartikels „eine höchst delikate Frage". Ob aber, wie er dann vorschlägt, „durch eine feste Abstufung der Chargen" allem Rechnung getragen werde, kann gleichfalls bezweifelt werden. Ich glaube, dass man das Urteil darüber, ob von einem Entlassenen ein bestimmender Einfluss auf den Gang der Ereignisse erwartet werden kann, hier dem gefangenhaltenden Staat überlassen muss und dass man denselben durch absolut bestimmte Fassungen weder einengen darf noch einengen kann.

2. Hatte sich die Genfer Konferenz über die Stellung der geheilten Dienstunfähigen leicht verständigt, so war die Entscheidung bezüglich der geheilten Dienstfähigen um so schwieriger. Deshalb „on se montra plus réservé".[6])

---

[1]) Moynier, La revision p. 19.

[2]) Vgl. Lueder, Genfer Konvention S. 330 f. Gillot p. 177, 178.

[3]) Vgl. darüber insbesondere Gillot p. 178.

[4]) Lueder a. a. O. 332. Der russische Entwurf Art. 43 hatte „incapable de prendre une part active à la guerre".

[5]) Bausteine V. 1. S. 100.

[6]) Moynier, La revision p. 19.

Meines Erachtens muss man hier von dem Gedanken ausgehen, dass auch die Verwundeten, die in die Gewalt des Gegners geraten, Kriegsgefangene sind,[1]) die nur als Kranke in besonderer Weise gehalten werden müssen, deren Pflege aber mit der Heilung ihr Ende erreicht, so dass jetzt einfach die durch nichts mehr modifizierten Grundsätze des Kriegsgefangenenrechts Platz greifen.[2])

Der Abs. 4 will auch nichts anderes sagen:

„Die anderen, d. h. welche nach ihrer Heilung noch als dienstfähig befunden werden, können ebenfalls zurückgeschickt werden unter der Bedingung, während der Dauer des Krieges die Waffen nicht wieder zu ergreifen."

Die Fassung des Abs. 4 ist jedoch schlecht.[3])

Für die Entlassung der Geheilten mit oder ohne Bedingung bedarf es nicht erst der Erlaubnis eines internationalen Abkommens.[4]) Man wollte vielmehr sagen: Die Entlassung der Geheilten,[5]) welche natürlich stattfinden kann, erfolgt unter der gesetzlichen Bedingung, während der Dauer des Krieges die Waffen nicht wieder zu ergreifen, oder wie es jetzt im Haager Abkommen betr. die Anwendung der Grundsätze der Genfer Konvention auf den Seekrieg heisst (Art. 9): „während der Dauer des Krieges nicht mehr zu dienen".

Wenn es richtig ist, dass auch die Verwundeten, welche in die Gewalt des Gegners geraten, Kriegsgefangene sind und deshalb auf die Geheilten, welche dienstfähig geblieben sind, jetzt einfach die für die Kriegsgefangenen geltenden Grundsätze unbeschränkt zur Anwendung kommen,[6]) wonach dieselben auf Ehrenwort entlassen werden können aber nicht entlassen werden müssen,[7]) so bedarf es über unsere Frage überhaupt keiner weiteren Bemerkung mehr in der Konvention und man kann daher, wie auch Moynier vorschlägt, den Abs. 4 des Art. 5 einfach streichen[8]); oder es genügt doch die Feststellung, dass auf die geheilten Dienstfähigen lediglich das Recht der Kriegsgefangenen Anwendung findet.[9])

In der weiteren Entwicklung strebte man indes über dieses Auslegungsergebnis hinaus.

Man sah, dass das „pourront" im Abs. 4 zu einem nichtssagenden

---

[1]) Vgl. oben S. 60.

[2]) Wer allerdings den Verwundeten für wirklich „neutre" ansieht, (oben S. 61) muss die Heimsendung desselben überhaupt und in jedem Fall zur Pflicht stempeln. (Triepel S. 219, Gillot S. 175.) Das war anscheinend der Standpunkt der Pariser Konferenz von 1867 Art. 6 Abs. 2. (Lueder 159, 182, Triepel 217.) Aber auch hier (Abs. 3) waren Kautelen vorgesehen, welche die Pflicht tatsächlich wieder aufhoben. Das schweizerische Enoncé Va lautet: Proclamer la cessation de la neutralité: pour les blessés et les malades dès qu'ils sont en état de reprendre du service, l'ennemi qui les détient pouvant alors les retenir captifs".

[3]) So auch Lueder, Genfer Konvention S. 329.

[4]) So auch Triepel S. 219, 296.

[5]) Nötigen Falles unter sicherem Geleite (Vorschlag von Lueder, Genfer Konvention, Anhang S. XI).

[6]) Vgl. oben S. 60.

[7]) Gillot p. 176: „L'ennemi étant maître des prisonniers, il peut soit les garder, soit les renvoyer; c'est conforme au droit international". Vgl. über diese Frage meine „Haager Friedenskonferenz" Bd. II. § 27.

[8]) La revision p. 19 f.

[9]) So schon Lueder S. 329.

Ergebnis führt, und deshalb suchten die Genfer Zusatzartikel von 1868 auf dem Weg der ausdehnenden Auslegung zu helfen.

Der Zusatzartikel 5 lautet:

„Par extension de l'article six de la Convention, il est stipulé que, sous la réserve des officiers dont la possession importerait au sort des armes et dans les limites fixées par le deuxième paragraphe de cet article, les blessés tombés entre les mains de l'ennemi, lors même qu'ils ne seraient pas reconnus incapables de servir, devront 'être renvoyés dans leur pays après leur guérison, ou plus tôt si faire se peut, à la condition toutefois de ne pas reprendre les armes pendant la durée de la guerre.

Die deutsche Felddienstordnung Z. 475 Abs. 5 hat das übernommen.

Indem der Genfer Zusatzartikel das „pourront" durch „devront" ersetzte, hat er allerdings eine wirkliche, neue Rechtspflicht geschaffen[1]) oder vielmehr — weil die Zusatzartikel ja nur Projekt blieben — schaffen wollen. Aber man schoss dabei praktisch über das Ziel.[2])

Moynier[3]) sagte später mit Recht:

„C'est une exagération évidente".

Nach dem Zusatzartikel 5 sollen oder müssen die dienstfähig gebliebenen Geheilten zurückgesandt werden, allerdings unter der Verpflichtung, während der Dauer des Krieges nicht mehr die Waffen zu ergreifen. Aber man kann die Armee stärken, ohne in ihr zu kämpfen, durch Einexerzieren, Eintritt in die Militärverwaltung u. s. w.[4]) Weiter: Wenn nun, wie die Erfahrung gezeigt hat, die Verpflichtung überhaupt nicht erfüllt und wenn gar von vornherein keinerlei Sicherheit für die Erfüllung der Verpflichtung gegeben ist?[5])

Eilen die Geheilten nicht zum heimatlichen Herd, sondern treten sie wieder in die Reihe der Kämpfer ein oder unterstützen sie in anderer Weise die Wehrkraft, so wird die Humanität der Sieger schlecht belohnt. Deshalb muss man sich hüten, eine allgemeine Rechtspflicht nach Art des Zusatzartikels 5 in ein völkerrechtliches Abkommen einzustellen.

Schon auf der Brüsseler Konferenz hat man daher gegen eine solche internationale Entlassungspflicht Stellung genommen, und auch das Haager Rotekreuzabkommen Art. 9 hat die Entlassung wieder rein fakultativ gemacht, was bei der Revision der Genfer Konvention als Vorbild dienen muss.

Es liegt kein Grund vor, Kriegsgefangene, welche geheilt und wieder dienstfähig sind, anders zu behandeln als Kriegsgefangene, welche überhaupt nicht krank oder verwundet waren.

1) Gillot p. 177.
2) So auch Lueder S. 334 343, Triepel S. 296, Münzel S. 113.
3) La revision p 19.
4) Gillot p. 178 59. Vgl. auch meine „Haager Friedenskonferenz" Bd. II S. 143ff.
5) Gerade die Versuche, die Dienstunfähigkeit genauer abzugrenzen, hat gezeigt, dass die Lösung des Pflichtproblems unmöglich ist und Gillot nimmt deshalb schliesslich seine Zuflucht zur Entlassung auf Ehrenwort (p. 178 599, 181) mit welcher man aber auch schon schlechte Erfahrungen gemacht hat. Vgl. meine „Haager Friedenskonferenz" Bd. II § 27.

Druck von C. Brügel & Sohn, Ansbach.

Kolibri 360 GmbH
Ferdinand-Jühlke-Straße 7
99095 Erfurt, Deutschland
produktsicherheit@kolibri360.de